진각국사(眞覺國師)

오로지 정법만을 깨닫기 서원합니다.

입을 열면 정법만을 설하기 서원합니다.

중생이 다하는 그날까지 교화하기 서원합니다.

－대원 문재현 전법선사의 3대 서원

근현대 전법 선맥(傳法禪脈)

75조 경허 성우(鏡虛 惺牛) 전법선사

오도송

홀연히 콧구멍 없는 소 되라는 말끝에　　忽聞人語無鼻孔
삼천계가 내 집임을 단박에 깨달았네　　頓覺三千是我家
유월의 연암산을 내려가는 길에서　　六月鷰岩山下路
일없는 야인이 태평가를 부르노라　　野人無事太平歌

76조 만공 월면(滿空 月面) 전법선사

전법게

구름과 달, 산과 계곡이라, 곳곳에서 같음이여　　雲月溪山處處同
선가의 나의 제자 수산의 큰 가풍일세　　曳山禪子大家風
은근히 무문인을 그대에게 분부하니　　慇懃付無文印
이 기틀의 방편이 활안 중에 있노라　　一段機權活眼中

* 제75조 경허 성우 전법선사 전함 / 제76조 만공 월면 전법선사 받음

77조 전강 영신(田岡 永信) 전법선사

전법게

불조도 전한 바 없어서　　佛祖未曾傳
나 또한 얻은 바 없음을…　　我亦無所得
가을빛 저물어 가는 날에　　此日秋色暮
뒷산의 원숭이가 울고 있네　　猿嘯在後峰

* 제76조 만공 월면 전법선사 전함 / 제77조 전강 영신 전법선사 받음

78대 대원 문재현(大圓 文載賢) 전법선사

전법게

부처와 조사도 일찍이 전한 것이 아니거늘　　佛祖未曾傳
나 또한 어찌 받았다 하며 준다 할 것인가　　我亦何受授
이 법이 2천년대에 이르러서　　此法二千年
널리 천하 사람을 제도하리라　　廣度天下人

부송(付頌)

어상을 내리지 않고 이러-히 대한다 함이여　　不下御床對如是
뒷날 돌아이가 구멍 없는 피리를 불리니　　後日石兒吹無孔
이로부터 불법이 천하에 가득하리라　　自此佛法滿天下

* 제77조 전강 영신 전법선사 전함 / 제78대 대원 문재현 전법선사 받음

이 오도송과 전법게는 대원 문재현 선사님께서 법리에 맞도록 새롭게 번역한 것입니다.

불교 8대 선언문

불교는 자신에게서 영생을 발견하게 한 유일한 종교이다.
불교는 자신에게서 모든 지혜를 발견하게 한 유일한 종교이다.
불교는 자신에게서 모든 능력을 발견하게 한 유일한 종교이다.
불교는 자신에게서 모든 것을 이루게 한 유일한 종교이다.
불교는 자신에게서 극락을 발견하게 한 유일한 종교이다.
불교는 깨달으면 차별 없어 평등하다는 유일한 종교이다.
불교는 모든 억압 없이 자신감을 갖게 한 유일한 종교이다.
불교는 그러므로 온 누리에 영원할 만인의 종교이다.

- 대원 문재현 전법선사 주창

전세계의 불교계에서 통일시켜야 할 일

경전의 말씀대로 32상과 80종호를 갖춘 불상으로 통일해야 한다.

예불 드리는 법을 통일해야 한다.

불공의식을 통일해야 한다.

– 대원 문재현 전법선사 주창

바로보인 선문염송 25

바로보인 출판사는 재단법인 정맥선원에서 운영하고 있습니다.

* 인제산(人濟山) 성불사(成佛寺) 국제정맥선원
  487-835, 경기도 포천시 내촌면 소리개길 86-178 ☎ 031-531-8805
* 인제산(人濟山) 이룬절 포천정맥선원
  487-835, 경기도 포천시 내촌면 소리개길 86-123 ☎ 031-532-1918
* 도봉산(道峯山) 도봉정사(道峯精舍) 서울정맥선원
  132-010, 서울시 도봉구 도봉로 921 문젠빌딩 2층 ☎ 02-3494-0122
* 백양산(白楊山) 자모사(慈母寺) 부산정맥선원
  607-120, 부산시 동래구 아시아드대로 114번길 10 대륙코리아나 2층 212호
  ☎ 051-503-6460
* 광암산(光巖山) 성도사(成道寺) 광주정맥선원
  506-453, 광주광역시 광산구 삼도광암길 34 ☎ 062-944-4088
* 대통산(大通山) 대통사(大通寺) 해남정맥선원
  487-835, 전남 해남군 화산면 송계길 132−98 중정마을 ☎ 061-536-6366

바로보인 불법 ⑩
바로보인 선문염송(禪門拈頌) 25

초판 1쇄 박은날 단기 4347년, 불기 3041년, 서기 2014년 5월 1일
초판 1쇄 펴낸날 단기 4347년, 불기 3041년, 서기 2014년 5월 8일

역   저 대원 문재현 선사
펴 낸 곳 도서출판 바로보인
          487-835, 경기도 포천시 내촌면 소리개길 86-178
          전화 031-534-3373 팩스 031-533-3387
신고번호 2010.11.24. 제2010-000004호

편집·윤문 진성 윤주영
제작·교정 도명 정행태, 진연 윤인선
인   쇄 가람문화사

ⓒ 문재현, 2014, printed in Seoul, Korea
www.zenparadise.com

잘못된 책은 교환해 드립니다.
값 15,000원

ISBN 978-89-86214-46-8 04220
ISBN 978-89-86214-21-5 (전30권)

불조정맥(佛祖正脈)

🪷 인 도

교조 석가모니불 (敎祖 釋迦牟尼佛)

 1 조 마하가섭 (摩訶迦葉)

 2 조 아난다 (阿難陀)

 3 조 상나화수 (商那和脩)

 4 조 우바국다 (優波鞠多)

 5 조 제다가 (堤多迦)

 6 조 미차가 (彌遮迦)

 7 조 바수밀 (婆須密)

 8 조 불타난제 (佛陀難堤)

 9 조 복타밀다 (伏馱密多)

10조 파율습박(협) (波栗濕縛, 脇)

11조 부나야사 (富那夜奢)

12조 아나보리(마명) (阿那菩堤, 馬鳴)

13조 가비마라 (迦毗摩羅)

14조 나가르주나(용수) (那閦羅樹那, 龍樹)

15조 가나제바 (迦那堤波)

16조 라후라타 (羅睺羅陀)

17조 승가난제 (僧伽難提)

18조 가야사다 (迦耶舍多)

19조 구마라다 (鳩摩羅多)

20조 사야다 (闍夜多)

21조 바수반두 (婆修盤頭)

22조 마노라 (摩拏羅)

23조 학륵나 (鶴勒那)

24조 사자보리 (師子菩堤)

25조 바사사다 (婆舍斯多)

26조 불여밀다 (不如密多)

27조 반야다라 (般若多羅)

28조 보리달마 (菩堤達磨)

🪷 중 국

29조 신광 혜가 (2 조 神光 慧可)

30조 감지 승찬 (3 조 鑑智 僧璨)

31조 대의 도신 (4 조 大醫 道信)

32조 대만 홍인 (5 조 大滿 弘忍)

33조 대감 혜능 (6조 大鑑 慧能)

34조 남악 회양 (7조 南嶽 懷讓)

35조 마조 도일 (8조 馬祖 道一)

36조 백장 회해 (9조 百丈 懷海)

37조 황벽 희운 (10조 黃檗 希雲)

38조 임제 의현 (11조 臨濟 義玄)

39조 흥화 존장 (12조 興化 存奬)

40조 남원 혜옹 (13조 南院 慧顒)

41조 풍혈 연소 (14조 風穴 延沼)

42조 수산 성념 (15조 首山 省念)

43조 분양 선소 (16조 汾陽 善昭)

44조 자명 초원 (17조 慈明 楚圓)

45조 양기 방회 (18조 楊岐 方會)

46조 백운 수단 (19조 白雲 守端)

47조 오조 법연 (20조 五祖 法演)

48조 원오 극근 (21조 圓悟 克勤)

49조 호구 소륭 (22조 虎丘 紹隆)

50조 응암 담화 (23조 應庵 曇華)

51조 밀암 함걸 (24조 密庵 咸傑)

52조 파암 조선 (25조 破庵 祖先)

53조 무준 사범 (26조 無準 師範)

54조 설암 혜랑 (27조 雪岩 慧郎)

55조 급암 종신 (28조 及庵 宗信)

56조 석옥 청공 (29조 石屋 淸珙)

57조 태고 보우 (1 조 太古 普愚)

58조 환암 혼수 (2 조 幻庵 混脩)

59조 구곡 각운 (3 조 龜谷 覺雲)

60조 벽계 정심 (4 조 碧溪 淨心)

61조 벽송 지엄 (5 조 碧松 智儼)

62조 부용 영관 (6 조 芙蓉 靈觀)

63조 청허 휴정 (7 조 淸虛 休靜)

64조 편양 언기 (8 조 鞭羊 彦機)

65조 풍담 의심 (9 조 楓潭 義諶)

66조 월담 설제 (10조 月潭 雪霽)

67조 환성 지안 (11조 喚醒 志安)

68조 호암 체정 (12조 虎巖 體淨)

69조 청봉 거안 (13조 靑峰 巨岸)

70조 율봉 청고 (14조 栗峰 靑杲)

71조 금허 법첨 (15조 錦虛 法沾)

72조 용암 혜언 (16조 龍巖 慧言)

73조 영월 봉율 (17조 詠月 奉律)

74조 만화 보선 (18조 萬化 普善)

75조 경허 성우 (19조 鏡虛 惺牛)

76조 만공 월면 (20조 滿空 月面)

77조 전강 영신 (21조 田岡 永信)

78대 대원 문재현 (22대 大圓 文載賢)

대원 문재현 선사님 인가 내력

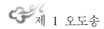 제 1 오도송

이 몸을 끄는 놈이 무슨 물건인가?
골똘히 생각한 지 서너 해 되던 때에
쉬이하고 불어온 솔바람 한 소리에
홀연히 대장부의 큰 일을 마치었네

무엇이 하늘이고 무엇이 땅이런가
이 몸이 청정하여 이러-히 가없어라
안팎 중간 없는 데서 이러-히 응하니
취하고 버림이란 애당초 없다네

하루 온종일 시간이 다하도록
헤아리고 분별한 그 모든 생각들이
옛 부처 나기 전의 오묘한 소식임을
듣고서 의심 않고 믿을 이 누구인가!

此身運轉是何物
疑端汨沒三夏來
松頭吹風其一聲
忽然大事一時了

何謂靑天何謂地
當體淸淨無邊外
無內外中應如是
小分取捨全然無

一日於十有二時
悉皆思量之分別
古佛未生前消息
聞者卽信不疑誰

　　대원 문재현 선사님의 스승이신 불조정맥 제77조 조계종(曹溪宗) 전강(田岡) 대선사님께서 1962년 대구 동화사의 조실로 계실 당시 대원 문재현 선사님께서도 동화사에 함께 머무르고 계셨다.
　　하루는, 전강 대선사님께서 대원 선사님의 3연으로 되어 있는 제 1오도송을 들어 깨달은 바는 분명하나 대개 오도송은 짧게 짓는다고 말씀하셨다. 이에 대원 선사님께서는 제1오도송을 읊은 뒤, 도솔암을 떠나 김제들을 지나다가 석양의 해와 달을 보고 문득 읊었던 제2오도송을 일러드렸다.

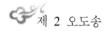제 2 오도송

해는 서산 달은 동산 덩실하게 얹혀 있고
김제의 평야에는 가을빛이 가득하네
대천이란 이름자도 서지를 못하는데
석양의 마을길엔 사람들 오고 가네

日月兩嶺載同模
金提平野滿秋色
不立大千之名字
夕陽道路人去來

　제2오도송을 들으신 전강 대선사님께서는 이에 그치지 않고 그와
같은 경지를 담은 게송을 이 자리에서 즉시 한 수 지어볼 수 있겠
냐고 하셨다. 대원 선사님께서는 곧바로 다음과 같이 읊으셨다.

바위 위에는 솔바람이 있고
산 아래에는 황조가 날도다
대천도 흔적조차 없는데
달밤에 원숭이가 어지러이 우는구나

岩上在松風
山下飛黃鳥
大千無痕迹
月夜亂猿啼

　전강 대선사님께서는 위 송의 앞의 두 구를 들으실 때만 해도 지
그시 눈을 감고 계시다가 뒤의 두 구를 마저 채우자 문득 눈을 뜨
고 기뻐하는 빛이 역력하셨다.
　그러나 전강 대선사님께서는 여기에서도 그치지 않고 다시 한 번
물으셨다.
　"대중들이 자네를 산으로 불러내고 그중에 법성(향곡 스님 법제자
인 진제 스님. 나중에 법원으로 개명)이 달마불식(達磨不識) 도리를 일
러보라 했을 때 '드러났다'고 답했다는데, 만약에 자네가 당시의
양무제였다면 '모르오'라고 이르고 있는 달마 대사에게 어떻게 했
겠는가?"
　대원 선사님께서 답하셨다.
　"제가 양무제였다면 '성인이라 함도 서지 못하나 이러-히 짐의
덕화와 함께 어우러짐이 더욱 좋지 않겠습니까?' 하며 달마 대사의
손을 잡아 일으켰을 것입니다."
　전강 대선사님께서 탄복하며 말씀하셨다.
　"어느새 그 경지에 이르렀는가?"
　"이르렀다곤들 어찌 하며, 갖추었다곤들 어찌 하며, 본래라곤들

어찌 하리까? 오직 이러-할 뿐인데 말입니다."

 대원 선사님께서 연이어 말씀하시자 전강 대선사님께서 이에 환희하시니 두 분이 어우러진 자리가 백아가 종자기를 만난 듯, 고수 명창 어울리듯 화기애애하셨다.

 달마불식 공안에 대한 위의 문답은 내력이 있는 것이다. 전강 대선사님께서 대원 선사님을 부르기 며칠 전에, 저녁 입선 시간 중에 노장님 몇 분만이 자리에 앉아있을 뿐 자리가 텅텅 비어 있었다고 한다.

 대원 선사님께서 이상히 여기고 있던 중, 밖에서 한 젊은 수좌가 대원 선사님을 불렀다. 그 수좌의 말이 스님들이 모두 윗산에 모여 기다리고 있으니 가자고 하기에 무슨 일인가 하고 따라가셨다.

 그러자 그 자리에 있던 법성 스님이 보자마자 달마불식 법문을 들고 이르라고 하기에 지체없이 답하셨다.

 "드러났다."

 곁에 계시던 송암 스님께서 또 안수정등 법문을 들고 물으셨다.

 "여기서 어떻게 살아나겠소?"

 대뜸 큰소리로 이르셨다.

 "안·수·정·등."

 이에 좌우에 모인 스님들이 함구무언(緘口無言)인지라 대원 선사님께서는 먼저 그 자리를 떠나 내려와 버리셨다.

 그 다음날 입승인 명허 스님께서 아침 공양이 끝난 자리에서 지

난 밤 입선시간 중에 무단으로 자리를 비운 까닭을 묻는 대중 공
사를 붙여 산 중에서 있었던 일들이 낱낱이 드러나고 말았다. 그리
하여 입선시간 중에 자리를 비운 스님들은 가사 장삼을 수하고 조
실인 전강 대선사님께 참회의 절을 했던 일이 있었다.

전강 대선사님께서는 이때에 대원 선사님께서 달마불식 도리에
대해 일렀던 경지를 점검하셨던 것이다.

이런 철저한 검증의 자리가 있었던 다음 날, 전강 대선사님께서
부르시기에 대원 선사님께서 가보니 주지인 월산(月山) 스님께서
모든 것이 약조된 데에서 입회해 계셨으며 전강 대선사님께서는
곧바로 다음과 같이 전법게(傳法偈)를 전해주셨다.

 전 법 게

부처와 조사도 일찍이 전한 것이 아니거늘
나 또한 어찌 받았다 하며 준다 할 것인가
이 법이 2천년대에 이르러서
널리 천하 사람을 제도하리라

佛祖未曾傳
我亦何受授
此法二千年
廣度天下人

덧붙여 이 일은 월산 스님이 증인이며 **2000**년까지 세 사람 모두 절대 다른 사람이 알게 하거나 눈에 띄게 하지 않아야 한다고 당부하셨다.

만약 그러지 않을 시에는 대원 선사님께서 법을 펴 나가는데 장애가 있을 것이라고 예언하셨다. 또한 각별히 신변을 조심하라 하시고 월산 스님에게 명령해 대원 선사님을 동화사의 포교당인 보현사에 내려가 교화에 힘쓰게 하셨다.

대원 선사님께서 보현사로 떠나는 날, 전강 대선사님께서는 미리 적어두셨던 부송(付頌)을 주셨으니 다음과 같다.

 부 송

어상을 내리지 않고 이러-히 대한다 함이여
뒷날 돌아이가 구멍 없는 피리를 불리니
이로부터 불법이 천하에 가득하리라

不下御床對如是
後日石兒吹無孔
自此佛法滿天下

위의 송의 '어상을 내리지 않고 이러-히 대한다 함이여'라는 첫째

줄 역시 내력이 있는 구절이다.

전에 대원 선사님께서 전강 대선사님을 군산 은적사에서 모시고 계실 당시 마당에서 홀연히 마주쳤을 때 다음과 같은 문답이 있었다.

전강 대선사님께서 물으셨다.

"공적(空寂)의 영지(靈知)를 이르게."

대원 선사님께서 대답하셨다.

"이러-히 스님과 대담(對談)합니다."

"영지의 공적을 이르게."

"스님과의 대담에 이러-합니다."

"어떤 것이 이러-히 대담하는 경지인가?"

"명왕(明王)은 어상(御床)을 내리지 않고 천하 일에 밝습니다."

위와 같은 문답 중에 대원 선사님께서 답하신 경지를 부송의 첫째 줄에 담으신 것이다.

전강 대선사님께서 대원 선사님을 인가(印可)하신 과정을 볼 때 한 번, 두 번, 세 번을 확인하여 철저히 점검하신 명안종사의 안목에 탄복하지 않을 수 없으며 이에 끝까지 1초의 머뭇거림도 없이 명철하셨던 대원 선사님께 찬탄하지 않을 수 없다.

그리하여 법열로 어우러진 두 분의 자리가 재현된 듯 함께 환희용약하지 않을 수 없다.

이제 전강 대선사님과 약속한 2천년대를 맞이하였으므로 여기에
전법게를 밝힌다.
　이로써 경허, 만공, 전강 대선사님으로 내려온 근대 대선지식의
정법의 횃불이 이 시대에 이어져 전강 대선사님의 예언대로 불법
이 천하에 가득할 것이다.

바로보인 불법 ⑩

바로보인 선문염송(禪門拈頌)

25

대원 문재현 선사 역저

책을 내면서

『선문염송(禪門拈頌)』은 『전등록(傳燈錄)』과 더불어 세계 최대의 공안집(公案集)이다. 중국에서 출간된 『경덕전등록(景德傳燈錄)』의 양억이 쓴 서문에 의하면 경덕전등록 전30권에는 1,701명의 선사님이 실려 있다.

그런데 선사님 한 분의 어록 안에 여러 공안이 실려 있으므로 전체 공안의 수는 책에 실린 선사님의 수보다 훨씬 많다고 할 것이다.

『선문염송』역시 본 공안만 해도 1,463칙으로 이루어져 있다. 게다가 각 공안마다 많게는 수십 분, 적게는 한두 분 선사님의 법문과 송(頌)이 딸려 있고, 각 법문과 송에 또한 많은 공안도리가 숨어 있으니 그것들을 다 든다면 만 여 공안이 넘어 오히려『전등록』의 공안 수를 훨씬 웃돌 것이라고 본다.

이러한 보배 중의 보배가 설두(雪寶) 선사님의 후신이라고 일컬어지는 고려 진각(眞覺) 국사님에 의해 완성되어 우리나라에서 초유

로 간행되었으니 자랑스러운 일이라 아니할 수 없다.

『선문염송』을 보며 석가모니 부처님께서 병에 따라 약을 주시듯 근기에 따라 갖은 방편을 다하여 자유자재 수행인을 제접하신 바가 참으로 희유한 법인 공안도리를 이루게 되었다는 것에서 새삼 경외감을 느꼈다. 또한 설두 선사와 진각 국사 두 몸에 걸쳐 끝내 이 공안집의 완성을 이루신 그 서원에 감동하였다.

그러하니 혼자 몸으로 이 『선문염송』의 전 공안을 번역하고 평하여 바로 보이신 스승님의 지혜와 자비, 원력에 어찌 찬탄의 말씀을 드리지 않을 수 있을까.

『선문염송』은 앞에서도 이야기했듯 우선 본칙부터 전 공안을 망라하다시피 한 방대한 양이며 이에 대해 많은 선사님들의 법문까지 결집해 놓은 터라 부처님으로부터 각 선사님들의 법 쓰시는 바를 손바닥 들여다보듯 하지 않고는 제대로 번역할 수가 없다.

그러므로 이것은 번역이 아니라 다시금 보이셨다는 말이 걸맞을 것이다.

'양구(良久)'라는 한마디도 어떻게 번역하느냐에 따라 수행인이 더욱 분명히 공안을 참구하는 계기가 되는 것이다. 선사님들이 말없이 계시는 내역을 바로 짚기란 여간 어려운 것이 아닌데 스승님께서는 이를 의로(意路)에 따라 읽어내어 '잠잠히 있다가' 혹은 '말없이 보이고'로 번역하셨다.

또한 양구의 내역뿐 아니라 법문의 어디에 선사님들의 참 의중인 공안이 숨어있는가를 고스란히 드러내어 그 공안을 바로 참구할 수 있게끔 번역하셨으니 공안참구의 길잡이 역할을 하셨다는 것을 독자들은 바로 알아차릴 수 있을 것이다.

게다가 난해하기로 유명한『선문염송』, 어떤 선사도 감히 전 공안에 대해 입을 벌리지는 못했는데 스승님께서는 최초로 전 공안에 취모검 휘두르기를 두려워하지 않으셨다.

한마디로 일체종지를 통달한 이가 아니고는 애시당초 엄두도 내지 못할 일을 거침없이 각 칙마다 일러가셨으니 그 통달한 지혜에 누군들 탄복하지 않을 수 있을까.

더불어 평생에 걸쳐서라도 이 공안집 30권을 바로 보이시겠다는 스승님의 원력과 노고를 잊을 수가 없다. 당신이 아니면 할 수 없는 일이라는 사명감에 국제선원을 짓는 불사와 전국의 제자를 가르치는 와중에도 1992년도부터 9년째『선문염송』작업을 놓지 않으셨다.

지금도 눈에 환히 떠오르는 것은 주말마다 선원에 가면 밤늦게까지 불켜진 스승님의 방, 방문을 열면 책상 앞에서『선문염송』작업을 하다가 고개를 들어 웃어주시며 피곤한 눈가에 맺힌 눈물을 닦아내시던 스승님의 모습이다.

하루에도 여러 번 불사현장을 오가느라 지친 몸에도 작업을 보면 떨치고 일어나 앉으셨다. 그때마다 얼마나 죄스럽고 안타까운 마음이었던가.

『바로보인 전등록』전 30권의 완역과 더불어 이『바로보인 선문염송』30권의 역저로 스승님의 번개 같은 지혜와 후학자를 위한

자비의 빛이 제불보살님, 뭇 선사님들의 광휘와 더불어 스러지지
않을 것을 믿는다.

『선문염송』 30권 중 1권은 대부분 석가모니 부처님께서 보이신
공안으로 이루어져 있다. 당시에 이러한 공안도리로써 제접하셨다
니 부처님께서는 시공을 초월한 분이란 것을 증명한 대목이라 아
니할 수 없다.

그럼에도 불구하고 공안도리가 마치 석가모니 부처님 당대에는
없었던 조사님들만의 특별한 법인 양 말씀하시는 분들이 많은 것
이 안타깝다.

조사님들이 최상승인 조사선 도리로 제창하셨다 하나 부처님과
비교하는 것은 당초에 어리석은 논의라고 본다.

부처님께서 영산회상에서 꽃 들어 보인 소식 하나만 보더라도 그
러하다. 여기 어찌 조사선, 여래선을 논하랴.

꽃 들어 보임에 온통 법계라
가섭이 미소지음 흔연히 나눔없어
이 소식 알런가
덩실 덩실 더덩실

2000년 9월 1일

진성(眞性) 윤주영(尹柱瑛)

서 문

　말세가 되어 마(魔)는 강해지고 법(法)은 쇠약해져 사법(邪法)을 추구하는 사람들이 늘어나면서 사법이 무성해지고 세상이 혼란해지니 그 어느 때보다도 정법(正法)이 요구되는 시점이다. 그래서 미력 하나마 감히 어둠을 밝히는 등불이 되기를 결심한 터였다.

　그런데 부산에 사는 하목원님이 염송번역 본문 두어 권을 가지고 와서 '내가 보아도 번역을 이렇게 해서 되겠나 하는 대목이 많아서 가져왔습니다. 아무리 교화에 바쁘시더라도 스승님께서 틈을 내셔서 번역을 하셔야 되겠습니다.'라고 간곡히 청하여 『선문염송』 번역에 착수하게 되었다.

　부처님과 조사님들의 가르침은 오직 깨달음에 뜻이 있다. 그 가르침의 진수만을 진각 국사께서 가려 결집해 놓은 것이 바로 『선문염송』이다. 이 주옥 같은 공안들을 누구나 볼 수 있어야 하는데 한문 원본으로 있거나 부처님들과 조사님들의 근본 뜻과는 먼 번역본들뿐이니 어떠한 일이 있어도 금생에 완역을 하여 불조의 뜻을 바로 보게 하겠다는 맹세를 스스로 하게 되었다.

그러나 막상 번역에 착수하고 보니 오자는 아님에도 여러 본을 구해놓고 보아도 뜻이 통하지 않는 대문이 많았다. 그럴 때마다 국내 대형 서점을 돌아다니며 옛 한자사전 또는 대형 한자사전을 구해서 조사님 당대에는 그 글자가 어떠한 뜻으로 쓰였는가를 찾고, 그것이 위아래 뜻에 통하는가 관조하여 불조(佛祖)의 본 뜻에 어긋나지 않는 번역이 되도록 최선을 다하였다.

그러나 혹 미비한 점이 있다면 강호제현님들의 명안책언(明眼噴言)이 있기를 바란다.

이 책이 나오기까지 편집·윤문에 진성 윤주영, 제작·교정에 도명 정행태, 진연 윤인선이 수고한 바에 깊이 감사한다.

또한 이 책을 보는 이들 모두가 성불(成佛)로 회향(回向)되기만을 빈다.

어떻게 회향할 것인가?

옥녀봉 위 흰 구름 한가롭고
광암의 저수지 짙푸르다
진연아, 차 한 잔 내오렴

단기(檀紀) 4333년
불기(佛紀) 3027년
서기(西紀) 2000년

무등산인 대원 문재현
(無等山人 大圓 文載賢)

차　례

일러두기

1. 장설봉(張雪峰) 선사님께서 현토한 본을 가지고 번역하되 뜻이 통하지 않는 곳은 동국대 역경원본, 백봉(白峯) 거사본을 모두 참고하여 오자가 없고 본 공안 이치에 어김이 없도록 최선을 다하였다.

2. 위와 같이 여러 본을 두루 살펴보아도 뜻이 통하지 않는 경우에는 그 조사(祖師) 당시에 그 글자가 어떤 뜻으로 쓰였는지 옛 한자 사전을 찾아 번역하였다.

3. 특별한 일화나 선가(禪家)에서 두루 쓰였던 용례를 모르고는 번역할 수 없는 것들은, 중국의 고사성어 사전이나 일본과 중국의 최대 표제어의 선어사전(禪語辭典)에서 찾아 번역하였다.

4. 원문의 한자는 오자(誤字)가 적은 장설봉 선사님께서 현토한 본을 기본으로 입력하였으나, 고자(古字)가 많아서 입력이 어려운 경우 현대에 널리 쓰이는 동자(同字)를 취하여 입력하였다. 또한, 장설봉 현토본에도 오자가 있을 때에는 동국대 역경원본을 참고하였다.

5. 각 칙마다 역저자인 대원 문재현 선사님의 도움말과 시송을 더하여 공안의 본 뜻을 들추어내 놓았다.

6. 제목은 본칙의 핵심이 되는 공안도리로 다시 정하였다. 그것이 마땅치 않을 때는 무엇에 대해 문답하고 있는지를 살펴서 문답의 주제나 소재를 제목으로 하였다.

1068칙 광명(光明)

 본 칙

운문 선사가 어떤 선승에게 물었다.

"광명이 고요하게 비추어 항하사세계에 두루하다는 것이 장졸(張拙) 상공(相公)의 말이 아니던가?"

선승이 대답하였다.

"그렇습니다."

운문 선사가 말하였다.

"말에 떨어졌구나."

雲門 問僧 光明寂照徧河沙 豈不是張拙相公語 僧云 是 師云 話墮也

∽ 송원 선사 송

분명히 그려내어 그대에게 보였다 하나
뜻이 낚시 갈고리 끝에 있지 낚시반에 있는 것이 아니다
설사 돌사람이 입을 연다 해도
혀끝의 속임을 당한 줄 모르는 것이다

松源 頌
分明寫出與君看
意在鉤頭不在盤
縱使石人開得口
不知猶被舌頭謾

∽ 개암붕 선사 송

황하를 끊어버리고
대화산을 갈라서 연다
거령이 손을 든 곳이여
만고에 흑만만[1]일세

介菴朋 頌
截斷黃河水
分開大華山
巨靈擡手處
萬古黑漫漫

---

1) 흑만만(黑漫漫) : 끝이 없이 아득한 것.

∽ 황룡심 선사의 문답

황룡심 선사가 이 칙을 들어 어떤 선승에게 물었다.
"그대가 보라. 어디가 말에 떨어진 곳인가?"
선승이 대답하였다.
"화상이시여, 말에 떨어졌습니다."
황룡심 선사가 말하였다.
"그대는 열두 시간 가운데 어디 곳에서 몸과 마음을 편안히 하는
가?"
선승이 대답이 없자 황룡심 선사가 말하였다.
"여기까지 와서 나를 속이는구나."
황룡심 선사가 불자로 때려 내쫓았다.

黃龍心 擧此話 問僧 尒見 什麼處是話墮處 僧曰 和尙 話墮也 師曰
尒十二時中向什麼處安身立命 僧無對 師曰 却來者裏謾我 以拂子打
出

✿ 죽암규 선사에게 이 승상이 찾아왔는데 상당하여 이 칙을 들고 말하였다.

어느 것이 그 선승이 말에 떨어진 것인가? 고산 선사가 "장졸 상공은 설법하고 그 선승은 말에 떨어졌다."라고 했다. 크게 깨달은 사람은 오직 한 티끌 없이 광명이 고요히 비쳐 항하사세계에 두루한 가운데, 가사를 머리에 푹 쓰고 한가한 곳에 앉아 있으니, 쉬고 쉬어서 말할 수 없다고도 말하지 말라. 이 말할 수 없다는 것도 또한 아니니라. 다만 중생들과 인연 있기를 원했을 뿐이니 거사는 여전히 이렇다 해야 할까?

대중들이여, 말해보라. 이렇다 해야 좋겠는가, 이렇지 않다 해야 좋겠는가?

(큰 소리로 외치기를)

말에 떨어졌도다.

(주장자를 던지다.)

竹庵珪 因李承相入山 上堂擧此話云 那介是者僧話墮處 皷山道 相公 說法 闍梨 話墮 沒量大人 只消一介 光明寂照徧河沙 衲帔蒙頭閑處坐 休休莫莫不可說 此不可說 亦不可 但願衆生却有緣 居士依前還伊麽 大衆 且道 伊麽好 不伊麽好 乃高聲云 話墮也 抛下柱杖

∽ 개암붕 선사가 상당하여 이 칙을 들고 말하였다.

　　운문 선사가 풀섶에 들어가서 사람을 구하려 했으나 온몸에 흙탕물을 면치 못했고, 그 선승은 휘장 안에 앉아서 천 리 밖 싸움의 승패를 헤아렸다. 제방은 강한 이를 도우나 약한 이는 돕지 않으면서 모두가 말하기를 "그 선승이 말에 떨어졌다." 하나, 운문 선사가 도리어 그 선승의 감정을 받은 줄은 전혀 몰랐다.
　　감히 여러분에게 묻노니, 말해보라. 어디가 감정한 곳인가?
　　(손으로 눈을 벌리면서)
　　묘(描)!

　　介庵朋 上堂擧此話云 雲門 入草求人 未免通身泥水 這僧 坐籌帷幄 決勝千里 諸方 扶强不扶弱 盡道 這僧話墮 殊不知雲門 却被這僧勘破 敢問諸人 且道 那裏是他勘破處 以手劈開眼云 描

대원 문재현은 이 칙을 모두 들고나서 이르노라.

장졸 상공과 운문 선사와 그 선승, 모두가 말에 떨어졌다.
어째서인가? 말해보라.

천년 고찰 기둥은 나무힘줄 드러났고
향로의 그 고요, 극치를 이루는데
산천의 봄꽃들 각각의 자태일세

1069칙 온통 다 말해버릴 때

본 칙

운문 선사에게 어떤 선승이 물었다.
"온통 다 말해버릴 때가 어떠합니까?"
운문 선사가 말하였다.
"산산조각났느니라."
선승이 다시 물었다.
"화상께서는 어떻게 수습하시렵니까?"
운문 선사가 말하였다.
"쓰레받기와 빗자루를 집어다오."

雲門 因僧問 一言道盡時如何 師云 裂破 僧云 和尙 如何拈掇 師云
拈取糞箕掃箒來

○ 설두현 선사가 어떤 선승이 운문 선사에게 묻자 "산산조각났
느니라." 한 것까지 들고 말하였다.

(손가락을 세 번 튕기다.)

(또 어떤 선승이 목주 선사에게 "온통 다 말해버릴 때가 어떠합
니까?"라고 물으니, 목주 선사가 "노승이 그대의 바랑 속에 있느니
라." 한 것을 들고 말하기를)
(껄껄 크게 웃다.)

雪竇顯 擧 僧問雲門至裂破 師彈指三下 又擧僧問睦州 一言道盡時
如何 州云 老僧 在你鉢囊裏 師呵呵大笑

ᐭ 육왕심 선사가 이 칙을 들고 말하였다.

입을 열면 크게 지나치고, 입을 닫으면 미치지 못한다. 열거나 닫
는 중간에 있다면 말해보라. 끝내 어찌해야 하는가?
영리한 사람이여, 이 속을 향해 따로 한마디 해보라.

育王諶 拈 開口大過 閉口不及 開與不開 坐在中間 且道 畢竟如何
靈利漢 向者裏 別下一轉語看

ᄼ 운문고 선사가 대중에게 보이고 어떤 선승이 물어 목주 선사가 "노승이 그대의 바랑 속에 있느니라." 한 것까지와, 어떤 선승이 물어 운문 선사가 "산산조각났느니라." 한 것까지 들고 말하였다.

　누군가가 산승에게 "온통 다 말해버릴 때가 어떠합니까?"라고 묻는다면 "이 칠통아!" 하리라.

　雲門杲 示衆 擧 僧問 睦州至 在你鉢囊裏 又問 雲門至裂破 師云 或有人 問山僧 一言道盡時如何 遮柒桶

◌ 송원 선사가 상당하여 이 칙을 들고, 이어 어떤 선승이 물어 목주 선사가 "노승이 그대의 바랑 속에 있느니라." 한 것까지 들고 말하였다.

두 노장님이 아직 당시 사람들의 굴 속에 빠져있도다. 누군가가 호구에게 "온통 다 말해버릴 때가 어떠합니까?"라고 묻는다면 다만 그에게 "소가 없으면 말을 부린다."[2] 하리라.

松源 上堂擧此話 又擧僧問睦州至 在你鉢囊裏 師云 二老漢 猶墮時人窠臼 或有問虎丘 一言道盡時如何 只向他道 無牛使馬

---

2) 가장 뛰어난 것이 없으면 다음 것으로 대체해 쓴다는 의미의 상용구이다.

대원 문재현은 이 칙을 모두 들고나서 이르노라.

   어떤 이가 내게 "온통 다 말해버릴 때가 어떠합니까?" 묻는다면 "잘 전하라."라고 하리라.

1070칙 백 가지 풀끝의 일구

 본 칙

운문 선사가 수어[3]하였다.
"백 가지 풀끝의 일구(一句)를 일러오라."
대중이 대답이 없자 운문 선사가 대신 말하였다.
"구(俱)!"

雲門 垂語云 百草頭上道將一句來 衆 無對 自代云 俱

---

3) 수어(垂語) : 문하의 제자들에게 내리는 말씀.

∞ 설두현 선사 송

백 가지 풀끝이 어찌해야 근본일꼬

선객들을 거듭 송곳으로 찔러주었구나

운문의 구(俱)자를 자세히 참구하라

설봉이 굴린 공〔毬〕도 또한 분명해지리라

대색[4]은 푸른 것만이 아니라 온통 남색이니

진금사[5]를 붉다고만 할 것인가

붉은 비단 장막 속에 진주가 있음이여

조계의 길 위에 가시가 돋음일세

알겠는가?

지금 근원을 궁구하지 못한다면

오는 세상, 미륵에게나 물어라

雪竇顯 頌

百草頭何大極

重與禪徒下錐刺

---

4) 대색 : 검푸른 색. 주로 눈썹을 그리는 데 쓰인 눈썹먹의 색깔이다.
5) 진금사(辰錦砂) : 만산(萬山)의 진주(辰州)에서 나온 금사. 금사 중 최고의 것이다.
   금사는 주사(朱砂)라고도 하는데 부적을 그릴 때 쓰는 붉은 염료이다.

雲門俱字好叅詳
雪峯輥毬亦端的
黛非青兮藍一色
辰錦砂兮敢言赤
紫羅帳裏有眞珠
曺溪路上生荊棘
還會麼
此時若不究根源
直向當來問彌勒

∽ 장령탁 선사 송

구(俱)라고 한 구(俱)여
본래의 조상을 으뜸으로 그려냄이로다
순풍을 온통 떨침이여
곳곳에 기쁨이 넘친다
백 가지 풀끝에서 깨달음에
칠불의 스승과도 다름이여
친히 얼굴을 알고 나니
원래 옛 문수였네

長靈卓 頌
俱俱
本祖丕圖
淳風一振
處處歡呼
百草頭上薦獻
還殊七佛之師
親識面
元來祇是古文殊

∽ 원오근 선사가 이 칙을 들고 말하였다.

곧 만 가지 기연[6]을 끊어버리고, 천 개의 눈이 단박에 열렸다. 가늘기는 수미산 같고, 굵기는 겨자씨 같다. 연하기는 무쇠 같고, 강하기는 진흙과 같다. 그러나 겨우 반밖에 이르지 못했다.

누군가가 산승에게 묻는다면 다만 "수(收)!"라고만 하리라.

말해보라. 어느 곳에서 알아듣는가?

圓悟勤 拈 直得萬機寢削 千眼頓開 細如須彌 大如芥子 軟如鐵硬如泥 雖然如是 也只道得一半 或有問山僧 只對道收 且道 落在什麼處

---

6) 기연(機緣) : 근기와 인연.

⚮ 운문고 선사가 대중에게 보이고 이 칙을 들고, 이어 원오 노사가 "차〔劄〕!" 한 것을 들고 말하였다.

보(普)!

구와 차와 보여, 한낮의 해로세.

이(李) 장군이 돌범을 쏜 것과 같으니, 비록 저쪽까지 통과했을지라도 천 균(鈞)의 쇠뇌를 헛되이 쏨이라 하리.

雲門杲 示衆擧此話 連擧圓悟老師云 劄 師云 普 復云 俱劄普 日輪午 李將軍 射石虎 雖然透過那邊 枉發千鈞之弩

대원 문재현은 이 칙을 모두 들고나서 이르노라.

당시에 나라면 "백 가지 풀끝의 일구를 일러오라." 하면 코끝이나
위로 올렸을 것이다.

험!

1071칙 만 가지 기연을 모두 쉴 때

 본 칙

운문 선사에게 어떤 선승이 물었다.

"만 가지 기연을 모두 쉴 때는 어떠합니까?"

운문 선사가 답하였다.

"무덤 위에 지초(芝草)가 났느니라."

雲門 因僧問 萬機俱息時如何 師云 塚上 生芝草

＊ 장산전 선사 송

무덤 위에 지초가 났다 함이여
위태로움을 당하여 두려움이 없는 사람일세
지는 꽃이 흐르는 물을 따르는 것만을 보아서야
골짜기의 봄빛이 흘러나오는 것이야 어찌 알리

蔣山泉 頌
塚上生芝草
臨危不悚人
祇見落花隨水去
豈知流出洞中春

대원 문재현은 이 칙을 모두 들고나서 이르노라.

"만 가지 기연을 모두 쉴 때는 어떠합니까?"라고 내게 묻는다면
"고궁에 향로니라." 할 것이다.
운문 선사와 같은가, 다른가?

1072칙 한 글자마저 뚫고 나옴

 본 칙

운문 선사에게 어떤 선승이 물었다.

"어떤 것이 도(道)입니까?"

운문 선사가 답하였다.

"한 글자마저 뚫고 나옴이니라."

선승이 다시 물었다.

"뚫고 나온 뒤에는 어떠합니까?"

운문 선사가 답하였다.

"천 리라도 같은 가풍이니라."

雲門 因僧問 如何是道 師云 透出一字 僧云 透出後如何 師云 千里
同風

◌ 장산전 선사 송

한 글자마저 뚫고 나옴이라 함이여
고기의 아가미요, 새의 부리일세
유양루 안의 달 밝은 천 리여
고개를 돌리면 고향길이 멀지 않거늘
말, 수레로 멀리 먼지 속을 달릴 건가

蔣山泉 頌
透出一字
魚腮鳥觜
庾亮樓中月明千里
廻首家園路不遙
輪蹄浩浩紅塵裏

∽ 운문고 선사가 대중에게 보이고 이 칙에서 "한 글자마저 뚫고
나옴이니라." 한 것까지 들고 말하였다.

한 글자마저 뚫고 나옴이라 함이여, 비슷하지도 않다.
급히 머리를 돌려라. 장삼이사[7]로다.

雲門杲 示衆擧此話至 透出一字 師云 透出一字 却不相似 急轉頭來
張三李四

---

7) 장삼이사(張三李四) : 장씨(張氏)의 셋째 아들과 이씨(李氏)의 넷째 아들이라는 뜻으
   로, 이름이나 신분이 특별하지 않은 평범한 사람들을 이르는 말.

∽ 심문분 선사가 상당하여 이 칙을 들고 말하였다.

그 글자를 알고 싶은가? 위의 한 획은 길고, 아래의 한 획은 짧다. 왼쪽의 한 획은 왼쪽의 위가 뾰족하고, 오른쪽은 위에서부터 아래까지 이어졌다. 옥편과 광운(廣韻)에서도 찾을 수 없고, 범어나 당나라말로도 모두 번역할 수 없다. 글 아는 이에게 묻노니, 어떻게 주를 달아 해석하겠는가?

(말없이 보이고)

입을 열면 틀리고, 입을 닫으면 잃는다. 달마가 남 몰래 고개를 끄덕이는데, 공자의 제자 중엔 아무도 아는 이 없도다.

心聞賁 上堂擧此話云 要識這介字麼 上一劃 長 下一劃 短 左邊 一左上尖 右邊 直落倒卷 玉篇廣韻 難尋覓 梵語華言 皆莫譯 試問識書人 如何通注釋 良久云 開口卽錯 閉口卽失 碧眼胡僧 暗點頭 孔門弟子無人識

대원 문재현은 이 칙을 모두 들고나서 이르노라.

그런 물음을 당시에 내가 받았다면 "큰 길, 작은 길 모두니라."
했을 것이다.

1073칙 문 밖의 글 읽는 사람이 와서 일러주는구나

 본 칙

운문 선사에게 어떤 선승이 물었다.
"어떤 것이 화상의 가풍입니까?"
운문 선사가 답하였다.
"문 밖의 글 읽는 사람이 와서 일러주는구나."

雲門 因僧問 如何是和尙家風 師云 門外有讀書人 來報

∽ 지문조 선사 송

가는 곳마다 총림에는 가풍이 있으나
아직 운문과 같을 수는 없도다
만약 글 읽는 이가 문 밖이라면
안회라 해도 깨닫지 못한 걸세

智門祚 頌
在處叢林有家風
且與雲門事不同
門外若有讀書者
任是顔回亦不通

∽ 장산전 선사 송

글 읽는 사람이 오거든 반드시 살펴보라
줄 없는 거문고는 지음자를 만나기 어렵다네
분명한 가풍을 그대에게 말해주니
단계 없이 나는 듯이 나아간다

蔣山泉 頌
讀書人到切須看
無絃難遇知音者
端的家風說與君
沒堦趨進翼如也

〜 숭승공 선사 송

문 밖의 글 읽는 이가 와서 알려준다 함이여
가풍의 일이란 것마저 티끌만큼도 없구나
아홉 거리의 분홍 분 바른 이들 서로가 다 아니
모두가 구슬 발[簾]을 걷고, 피는 버들을 구경함일세

崇勝珙 頌
門外讀書人報來
家風底事絶纖埃
九衢紅粉皆相識
盡捲珠簾看柳開

∽ 진정문 선사가 상당하여 이 칙을 들고 말하였다.

선덕들이여, 천 번 듣는 것이 한 번 보는 것만 못하니, 어찌해야
보겠는가?
(말없이 보이고)
다만 분명함의 극치여서 도리어 더디구나.

眞淨文 上堂擧此話云 諸德 千聞不如一見 又作麼生見 良久云 只爲
分明極 飜令所得遲

෪ 운문고 선사가 장 장원과 왕 장원이 온 것을 인하여 상당하여
이 칙을 들고 말하였다.

글 읽는 사람이 이미 여기에 있거늘 어떻게 그와 만나보겠는가?
(좌우를 돌아보고)
원수 집이 아니면 머리를 모으지 않느니라.

雲門杲 因張汪二壯元至 上堂舉此話云 讀書人 已在這裏 且作麼生
與伊相見 乃顧視左右云 不是冤家不聚頭

대원 문재현은 이 칙을 모두 들고나서 이르노라.

　당시에 이 사람이 이런 질문을 받았다면 "그대는 질문을 하고, 나는 이렇게 그대를 본다." 했을 것이다.

1074칙 짚신을 얼마나 헤지게 했는가

 본 칙

운문 선사가 어느 날, 어떤 선승에게 물었다.
"어디서 오는가?"
"강서에서 옵니다."
운문 선사가 다시 물었다.
"짚신을 얼마나 헤지게 했는가?"
선승이 대답이 없었다.

雲門 一日 問僧 從甚處來 僧曰 江西來 師曰 踏破多少草鞋 其僧無
對

◌ 황룡심 선사가 이 칙을 들고 말하였다.

운문 선사는 이미 범과 표범의 문채를 늘어놓았으나 벌써 그 선
승의 함정에 빠진 줄은 몰랐다. 지금 누군가가 운문 선사를 붙들어
일으킬 수 있거든 일전어(一轉語)를 일러서 황룡과 만나자.
감히 묻노니, 이 말을 어떻게 이르려는가?

黃龍心 拈 雲門大師 已是張虎豹之紋 又不覺落在者僧陷穽 而今 還
有扶起雲門底漢 道取一轉語 却與黃龍相見 敢問 此語 作麽生道

∽ 지해청 선사가 상당하여 이 칙을 들고 말하였다.

여러분들이여! 운문 선사가 그때에 천하를 홀로 걸으니, 기개가
왕과 같았으나 범과 표범의 손톱과 어금니를 펼 줄만 알았고, 그
선승의 함정에 빠진 줄은 깨닫지 못하여 천 년 뒤의 사람들에게
구경을 당하는구나.
　지금 운문 선사를 구제할 이가 있는가? 있거든 나서서 가풍과 규
범을 조금 드러내고, 지해와 만나자.
　(잠잠히 있다가)
　이(咦)!
　홍문으로 간 나그네는 없고, 돌아올 계교는 장량만이 아네.[8]

　智海淸 上堂擧此話云 諸仁者 雲門大師 當時寶海獨步 直是氣宇如
王祇知張虎豹爪牙 不覺落這僧陷穽 致令千載 遭人傍觀 而今 莫有救
得雲門底麽 試出衆來 略露風規 也要與智海 相見 良久 乃云 咦 鴻
門無去客 歸計是張良

---

8) 홍문(鴻門)이란 곳에서 연회를 베풀어 항우가 유방을 죽이려 할 때 장량이 이를 고
　한 일화가 있다.

대원 문재현은 이 칙을 모두 들고나서 이르노라.

"짚신을 얼마나 헤지게 했는가?" 할 때 "백 번 듣는 것이 한 번 보는 것만 못하다 했으니 보소서." 하고 천장이나 한 번 쳐다보았 어야 했다.

1075칙 그대는 여기서 무엇을 하는가

 본 칙

운문 선사가 찬간[庫下]에 갔다가 어떤 선승을 보고 물었다.
"그대는 여기서 무엇을 하는가?"
선승이 대답하였다.
"공양을 올립니다."
운문 선사가 말하였다.
"전좌와 상좌가 이미 공양을 올렸느니라."

雲門 至庫下 見一僧 問云 汝在者裏作什麼 僧云 設供 師云 典座與
上座設却供

∽ 대위철 선사가 이 칙을 들고 말하였다.

운문 선사의 한 때의 자비가 도리어 분주한 일을 만들었다. 그때에 그냥 돌아갔더라면 뒷사람들의 입에 오르내리는 일을 면했을 것이다.

(잠잠히 있다가)

높은 누각에 올라 바라보지 않으면 어찌 푸른 바다의 넓음을 알리오.

大潙喆 拈 雲門一期慈悲 却成多事 當時 便廻去 免見掛後人脣齒 良久云 若不登樓望 焉知滄海寬

∽ 한암승 선사가 상당하여 이 칙을 들고 말하였다.

대중들이여, 운문 선사의 이런 이야기가 마치 궁색한 노파가 불을 불다가 되지 않으니, 도리어 조왕신을 꾸짖으러 가는 것 같다. 여러분은 한암의 이런 판단을 긍정하는가?

나는 또 무슨 그릇을 찾고 있을꼬?

寒嵓升 上堂擧此話云 大衆 雲門恁麽說話 正是窮老婆吹火不着 却去罵竈神 你諸人 還肯寒嵓恁麽判斷麽 我也討什麽椀

대원 문재현은 이 칙을 모두 들고나서 이르노라.

"공양을 올립니다." 할 때 운문 선사는 "공양을 한 분들에게 한 마디 해보라면 무어라 하겠느냐?" 해서 그 선승의 대답에 따라 응했어야 했고, 그 선승은 "전좌와 상좌가 이미 공양을 올렸느니라." 했을 때 "잘 드셨습니까?" 했어야 했다.

1076칙 묘희세계마저 산산이 부서졌다

 본 칙

운문 선사가 백퇴(白槌) 소리를 듣고 말하였다.

"묘희세계마저 산산이 부서졌도다. 그대들은 모두 발우를 들고 호남성으로 가서 밥이나 먹어라."

雲門 聞白槌聲 乃云 妙喜世界 百雜碎 汝等諸人 擎鉢向湖南城裏
喫飯去

∽ 대각련 선사가 이 칙을 들고 말하였다.

대단하다는 운문 선사가 뒤바뀐 짓을 하는 것 같다. 산승은 이에 대하여 "유나는 백퇴하고, 수좌는 밥을 돌리고, 산승은 발우를 펴고, 행자는 돌려라."라고만 하리니, 이런 이야기를 제방에서 마음대로 재량하고 판단하는 데 맡기노라.

大覺璉 拈 大小雲門 也似事顚倒 山僧 者裏 只是維那 白搥 首座 施食 山僧 展鉢 行者 行益 伊麽說話 一任諸方裁斷

대원 문재현은 이 칙을 모두 들고나서 이르노라.

이 사람은 운문 선사와 같지 않아서, "백퇴 소리여! 묘희세계가
화려하다. 그대들이여! 모두들 이 공양낙을 즐겨라. 이것이 풍간과
한산과 습득이 일시에 즐김이니라." 하리라.

1077칙 대답해 주십시오

 본 칙

운문 선사가 건봉 선사에게 물었다.
"스님! 대답해 주십시오."
건봉 선사가 말하였다.
"노승 또한 이르른 적 없다."
운문 선사가 말하였다.
"그러한 즉 학인이 또 늦었군요."
건봉 선사가 말하였다.
"그런가? 그런가?"
운문 선사가 말하였다.
"후백(侯伯)뿐이라 여겼더니, 다시 후흑(侯黑)이 있었군요."

雲門 問乾峯 請師答話 峯云 到老僧也未 師云 與麼則學人在遲也
峯云 與麼那與麼那 師云 將謂候白 更有侯黑

∾ 대각련 선사 송

하나는 후백, 하나는 후흑이라
세 눈의 마혜수라도 보지 못하리
먼저 간 이는 이르른 적 없고, 나중 떠난 이는 먼저 이르렀네
새가 소리내어 날아오르고 내리며 겨루듯 날면서 먼 하늘로 들어가
듯 함이여
미혹하면 알지 못하고 깨달았다 해도 모르는 이다
옛 사당의 정령이 공연히 눈을 붉힌다

大覺璉 頌
一侯白一侯黑
三目摩醯觀不得
先行不到後先行
頡頏飛鳴入空碧
迷不知悟不識
古廟精靈空眼赤

◌ 천동각 선사 송

시위와 오늬9)가 맞물리고
제망의 구슬이 마주했네
백 번 쏘면 백 번 맞아 화살마다 헛됨이 없고
뭇 그림자를 모두 포섭해서 광명과 광명이 걸림없네
불법의 요지를 깨달아
유희의 삼매에 사는 이라
미묘하여 치우침과 두렷함을 완연히 굴려서
반드시 이러-히 자유자재하다

天童覺 頌

絃筈相銜　　　　網珠相對
發百中而箭箭不虛　攝衆影而光光無礙
得言句之摠持　　　住游戲之三昧
妙其間也宛轉偏圓　必如是也縱橫自在

---

9) 오늬 : 화살의 머리를 시위에 끼우도록 에어낸 부분.

～ 장산전 선사가 이 칙을 들고 말하였다.

군자를 움직이게 하였다.

蔣山泉 拈 利動君子

대원 문재현은 이 칙을 모두 들고나서 이르노라.

만약 내게 그런 질문을 했다면 "눈이 있으면서도 보지 못하고 귀가 있으면서도 듣지 못했던가?" 했을 것이다.

험!

1078칙 마른 똥막대기

 본 칙

운문 선사에게 선승이 물었다.
"어떤 것이 부처입니까?"
운문 선사가 답하였다.
"마른 똥막대기니라."

雲門 因僧問 如何是佛 師云 乾屎橛

∽ 운문고 선사 송

운문의 마른 똥막대기여!
법신, 보신, 화신을 완전히 초월했네
일 없이 산을 나서 유유자적하며
백전(百錢)을 지팡이 끝에 걸었네

雲門杲 頌
雲門乾屎橛
全超法報化
無事出山遊
百錢杖頭掛

∽ 죽암규 선사 송

당나라말로 번역할 필요도 없고
범어로 전할 것도 없네
마혜수라의 눈이라도
만나보았다고 하면 서천이 막힌 걸세

竹庵珪 頌
不用唐言譯
休將梵語傳
摩醯首羅眼
對面隔西天

∽ 송원 선사 송

운문 이놈이
사자의 영각을 했다
콧구멍을 반쯤 얻었으나
입을 잃은 줄은 몰랐도다

松源 頌
雲門小厮兒
作大師子吼
鼻孔得半邊
不知失却口

∽ 운문고 선사가 보설(普說)[10]하였다.

　(전략) 예를 들어 신도가 시봉을 할 때에 도리에 대해 이야기하는
것을 보고 드디어 도리 없는 인연을 베풀어 그 선승에게 보였으니,
어떤 선승이 운문 선사에게 묻자 "마른 똥막대기니라." 하였다.
　이에 다시 그가 도리로 이해할까봐 걱정이 되어 먼저 그에게 말
하노니 도가 똥 속에 있고, 도가 쭉정이 속에 있고, 도가 조약돌 속
에 있다고 하거나 물건에 붙여 이치를 드러내고 색에 의해 마음을
밝힌 것이라고 하지도 말고, 곳곳마다 참되고 티끌티끌마다 모두
본래의 사람이라는 식으로 말하지도 말라. (하략)

　雲門杲 普說云 云如檀越給事 見其愛說道理 遂將箇沒道理底因緣
與渠看 僧問雲門至 乾屎橛 又恐渠作道理解 先與渠說 不得云道在屎
溺 道在稊稗 道在瓦礫 卽色明心 附物顯理 不得道處處眞 塵塵 盡是
本來人之類 云云

---

10) 보설(普說) : 선가(禪家)의 설법. 널리 정법을 설하여 중생에게 열어 보인다는 뜻.

∞ 백운병 선사가 상당하여 말하였다.

일찍이 운문 노인을 사랑했나니, 묘한 작용이 끝이 없기 때문이다. 손 닿는 대로 들어 올리나 털끝만큼의 힘도 들이지 않는다.

(이 칙을 들고 말하기를)

말하나 소리가 아니요, 색 이전이라 물건도 아니다. 만일 깨달음이 참되지 못하면 문득 원인에 얽혀 결과가 따르게 되는 것을 보리라. 알고 싶은가?

진흙 속의 거북이는 머리가 자라와 같고, 저울추를 밟으니 무쇠같이 단단하니라.

그대들 참선하는 사람에게 간곡히 고하노니, 행여라도 마른 똥막대기를 씹지 말아라.

白雲昺 上堂云 嘗愛雲門老 妙用 曾無極 信手拈將來 不費絲毫力 乃擧此話云 言發 非聲 色前 不物 若是領解不眞 便見招因帶果 要會麽 泥裏烏龜頭似鼈 秤鎚踏着 硬如鐵 叮嚀報汝參禪人 切忌咬他乾屎橛

∽ 송원 선사의 문답

송원 선사가 상당하자 어떤 선승이 물었다.
"마른 똥막대기란 뜻이 무엇입니까?"
송원 선사가 답하였다.
"자고새 노래한 곳에 백 가지 꽃향기니라."

松源 上堂 因僧問 至乾屎橛意旨如何 答云 鷓鴣啼處百花香

대원 문재현은 이 칙을 모두 들고나서 이르노라.

운문 선사의 마른 똥막대기여!
마치 어떤 물건을 보일 때 안팎 없이 온통 통째로 보이듯 하였다
만 어쩌랴.
아차차….

1079칙 장작 한 쪽을 던지다

 본 칙

운문 선사가 어떤 선승에게 물었다.
"오늘 장작을 운반하는가?"
선승이 대답하였다.
"그렇습니다."
운문 선사가 말하였다.
"옛 사람이 말하기를 '한 법도 봄이 없는 것이 그대의 눈동자니라.' 했느니라."
운문 선사가 나무 자르는 곳에 장작 한 쪽을 던지면서 말하였다.
"일대장교가 오직 이것을 이야기했을 뿐이다."

雲門 問僧 今日般柴那 僧云 是 師云 古人 道不見一法 是你眼睛
乃於般柴處 抛下一片柴云 一大藏教 只說這箇

∽ 자수 선사 송

곳곳마다 푸른 버들[11]에 말 매어 있고
집집마다 문턱은 장안으로 통했네
한 가닥의 큰 길이 손바닥 같이 평탄커늘
사람들 스스로가 발 딛기 어렵다 하네

慈受 頌
處處綠楊堪繫馬
家家門口透長安
一條大路平如掌
自是時人措足難

---

11) 중국 천지 곳곳마다 버드나무가 많다.

ᐁ 보녕수 선사가 이 칙을 들고 말하였다.

운문 대사는 마치 거지가 작은 이익을 보려는 것과 같다. 산승은
그렇게 하지 않으리라.
(불자를 들어 세웠다가 던지고)
일대장교는 어디에서도 말하지 못했느니라.

保寧秀 拈 雲門大師 大似乞兒見小利 山僧 卽不然 乃拈起拂子 擲
下云 一大藏敎 摠說不着

ᴄ 삽계익 선사가 이 칙을 들고 말하였다.

운문 선사는 어찌 그리 성미가 급한가? 갑자기 그 선승에게 장작
쪽으로 얻어맞았더라면 그 어찌 좋은 일도 없는 것만 못하다는 격
이 아니겠는가?

雪溪益 拈 雲門着甚死急 忽若被這僧拈柴枝便打 豈不是好事不如
無

∽ 백운연 선사가 상당하여 이 칙을 들고 말하였다.

대단하다는 운문 선사가 주석을 잘못 내었다. 노승이 그때 보았더라면 그에게 말하기를 "울력하는 곳에 와서 소란을 피우지 마시오." 하리라. 만일 점검해내면 그대에게 울력을 면하게 해주리라.

白雲演 上堂擧此話云 大小雲門 錯下注脚 老僧 當時 若見 向伊道 普請處 不得狼藉 若點檢得出 免你普請

대원 문재현은 이 칙을 모두 들고나서 이르노라.

험!
대단하다는 운문 선사, 새삼스럽고 새삼스러웠다.

1080칙 향상의 종승

 본 칙

운문 선사가 대중에게 보이고 말하였다.

"망치를 들고, 불자를 세우며, 손가락을 튕기고 눈썹을 껌벅이며, 물음에 대답을 하는 것은 모두가 향상의 종승에 해당되지 않느니라."

어떤 선승이 물었다.

"어떤 것이 향상의 종승입니까?"

운문 선사가 답하였다.

"땅 밑 염부제[12]의 대가들이 모두 이야기하는데, 시끄러운 저자에서 좌조[13]할 때, 상에 올린 돼지 머리와 똥간의 버러지에게도 불조를 초월하는 이야기가 있겠는가?"

선승이 대답하였다.

"긍정치 않는 이도 있습니다."

운문 선사가 말하였다.

"긍정치 않는 이도 있다 하나, 헤아릴 때엔 있고 헤아리지 않을

---

12) 염부제(閻浮提) : 인간세계 전체.
13) 좌조(坐朝) : 군주가 문무백관의 의견을 듣는 것.

때엔 없다 할 것도 없다. 그런 말로 본체의 나뉨 없는 일이라 하나
곧은 말이라 해도 이르를 수 없으니 치우치고 마른 견해일 뿐이
다.”

　雲門 示衆云 拈槌竪拂 彈指揚眉 一問一答 並不當向上宗乘 僧 便
問 如何是向上宗乘 師云 地下閻浮 大家摠道得 祇如鬧市裏坐朝時
猪肉案頭 茆坑裏蟲子 還有超佛越祖之談麼 僧云 有介不肯 師云 有
底不肯 不可商量時便有 不商量時便無也 若約那介說話 體上會事 直
言未到 見解偏枯

∽ 법진일 선사가 이 칙을 들고 말하였다.

운문 선사는 어째서 그 선승을 놓아두었을꼬? 그가 "긍정치 않는 이도 있습니다." 할 때 스무 방망이를 때렸어야 하거늘 허다한 설명은 무엇하러 했을까?

法眞一 拈 雲門爲什麼 放過者僧 待伊云 有底不肯 便好與二十拄杖 費許多分疎作什麼

대원 문재현은 이 칙을 모두 들고나서 이르노라.

　모든 선지식들의 일상에 손짓 하나 발짓 하나 모두가 이 일을 도
모하지 않음이 없다더니, 과연 과연일세.

　창공에 나는 수리 고향을 비추었고
　풀머리 아침 이슬 조사의 뜻 드날리네

1081칙 감! 이!

 본 칙

운문 선사가 어느 날, 선승을 돌아보면서〔顧〕 말하였다.

"감(鑒)!"

선승이 대답하려고 망설이자, 운문 선사가 곧 "이(咦)!" 하였다.

덕산 밀 선사가 '돌아볼 고(顧)'자를 떼어버리고 추고송(抽顧頌)이

라 하였다.

雲門 一日 顧視僧曰 鑒 僧擬對之 卽曰 咦 德山密禪師刪却顧字 謂

之抽顧頌

∽ 덕산밀 선사 송

마주 보며 눈썹 치켜뜰 것도 없네
그대는 동쪽이요, 나는 서쪽일세
붉은 놀은 푸른 바다를 뚫었고
흰 일월은 수미산을 둘렀네

德山密 頌
相見不揚眉
君東我亦西
紅霞穿碧海
白日月繞須彌

∽ 지문조 선사 송

운문이 돌아보며 '감!' 하고 웃음이여
'감' 함을 만나 헤아려 망설이자 '이!라' 했네
장량이 비록 지혜와 재주를 마음대로 한다 해도
여기에서는 끝끝내 손쓰기 어려우리

智門祚 頌
雲門顧鑒笑嘻嘻
擬議遭渠顧鑒咦
任是張良多智巧
到頭於是也難施

∽ 안탕전 선사 송

운문이 '감!', '이!'라 함이여
두 눈의 눈꼽일세
신라와 발해에서는
불이 타오르고 바람이 분다
문수는 머리를 조아리고
가섭은 눈썹을 찡그린다
한마디 냄이여
네 필의 말[馬]로도 따를 수 없다

雁蕩泉 頌
雲門鑒咦　　兩眼瞤瞤
新羅渤海　　火炙風吹
文殊稽首　　迦葉攢眉
一言巳出　　駟馬難追

∽ 안탕전 선사가 또 송하였다.

운문의 '고'자를 뺀 송이여
곧 가벼이 할 것도 곧 소중히 할 것도 없네
봉림관[14]을 달려서 지나려고 했지만
천 마리 소가 끌어도 꼼짝않음이랄까
범을 그리려다 고양이를 만들었고
쥐를 쫓다 기름독만 부쉈으니
왕노사가 견뎌내야 함이여
가는 곳마다 추위 참듯 해야 할 걸세

又頌
雲門抽顧頌   便輕不便重
走過鳳林關   千牛拽不動
畵虎作猫兒   趂鼠打油甕
堪嗟王老師   到處忍寒凍

---

14) 봉림관(鳳林關) : 오나라 손권이 화살을 맞아 죽은 험난한 곳.

∽ 법진일 선사 송

운문의 추고송을 대중이 모두 안다 하지만
듣고 깨달아 속지 않는 이 드물다
소양의 분명한 뜻을 알고 싶은가
신라의 매가 활개치며 하늘로 날아오른다

法眞一 頌
雲門抽顧衆皆知
擧得不賺亦還稀
要會韶陽端的意
新羅鷂子搏天飛

∽ 진정문 선사 송

운문의 추고송이
원래 까닭이 있다지만
한 점도 온 적 없으니
쉬고 쉬어서 쉬었다는 것마저 쉬어라

眞淨文 頌
雲門抽顧
自有來由
一點不來
休休休休

∽ 경산고 선사 송

운문의 감과 이를
아는 이가 드물다
돌!
구멍 없는 무쇠망치로다

徑山杲 頌
雲門鑑咦
少有人知
咄
無孔鐵鎚

∽ 죽암규 선사 송

소양의 '감!'이여
쇠로 만든 만두일세
곧바로 씹으려는가
이(咦)!
괴이히 여겨 속인다 말라

竹庵珪 頌
韶陽一鑒
生鐵餕餡
直下咬破
咦
莫怪相賺

대원 문재현은 이 칙을 모두 들고나서 이르노라.

운문 선사의 이 '감(鑒)'자 한 자가, 석존의 천겁만겁 교화문에서
다하지 못함까지 보였음을 누가 알겠는가?
그렇거니 더더욱 운문 선사의 '이(咦)'자야….
하. 하. 하.

봄바람이 스스로 불어오니
갖은 꽃 다투어서 피어나고

이러-히 그윽한 향기 속에
나비는 춤을 추어 즐기며

부르는 노래의 멋스러움에
석양도 저리 취해 있구나

1082칙 속눈썹이 옆으로 시방에 뻗었고

 본 칙

운문 선사가 말하였다.

"속눈썹이 옆으로 시방에 뻗었으며, 눈썹이 위로는 건곤을 꿰뚫고 아래로는 황천까지 꿰뚫었으며, 수미산이 그대들의 목구멍을 막았으니, 누군가 알겠는가? 누군가 알았으면 점파(占波)[15] 사람을 끌어다가 신라 사람과 박치기하게 하라."

雲門 云 眼睫 橫亘十方 眉毛上透乾坤 下透黃泉 須彌塞却汝咽喉
還有人 會得麽 若有人 會得 拽取占波 共新羅鬪額

---

15) 점파(占波) : 중국의 서쪽 인도차이나에 있던 나라. 신라는 중국의 동쪽.

⌒ 심문분 선사 송

점점 흩어진 별들이 이미 줄을 이루지 못하니
주위 모아도 다시 한 덩어리가 될 수 없다
길가의 가을 풀 속에 던져두어
해마다 푸른 이끼 자라게 맡겨 두노라

心聞賁 頌
零星已是不成行
揑合無由更作堆
撒向路傍秋草裏
年年一任長靑苔

∽ 운문고 선사가 이 칙을 들고 말하였다.

크게 신비한 주문이며, 크게 밝은 주문이며, 위 없는 주문이며, 등(等) 없음으로 등한 주문이다. 일체의 괴로움을 제거하고 진실하여 헛되지 않다 했으니, 여러분은 운문 선사를 알고 싶은가?

듣지 못했는가?

세 누대는 참으로 이 대가(大家)의 베풂이니라.

雲門呆 拈 是大神呪 是大明呪 是無上呪 是無等等呪 能除一切苦 眞實不虛 諸人 要識雲門麽 不見道 三臺 須是大家催

대원 문재현은 이 칙을 모두 들고나서 이르노라.

(卍을 그리고)

(주장자를 한 번 내리치고)

(자리에서 일어나 방으로 돌아가다.)

1083칙 삼가촌

 본 칙

운문 선사가 말하였다.

"삼가촌(三家村)에서 점을 치는데, 동쪽에서 점을 치고 서쪽에서 점을 치고는 홀연히 점쳐도 점쳐지지 않는다."

어떤 선승이 물었다.

"홀연히 점쳐질 때엔 어떠합니까?"

운문 선사가 답하였다.

"복유(伏惟)!"[16]

雲門 云 三家村裏賣卜 東卜西卜 忽然卜着也不定 僧 便問 忽然卜着時如何 師云 伏惟

---

16) 복유(伏惟) : 아랫사람이 윗사람에게 고할 때 땅에 바짝 엎드려 존대한다는 뜻의 인삿말. 상용구.

∽ 법진일 선사 송

삼가촌에서 점을 치니
길흉화복의 유래를 가린다
홀연히 점을 치는데 선승이 물으니
살고 죽는 것을 오직 한 구절로 답했네

法眞一 頌
賣卜三家村裏頭
吉凶禍福辨端由
忽然卜着僧來問
生死唯將一句酬

◌ 지해일 선사가 상당하여 이 칙을 들고 말하였다.

운문 선사는 누대로 점을 팔았으나 효상[17]도 모르는지 뇌천대장[18] 괘가 났는데 지화명이[19]라 판정하는구나.

그 선승은 어긋나 바뀐 운수라 돈 잃고 죄받음이랄까.

만일 지해라면 그렇게 하지 않으리니 "갑자기 점쳐질 때엔 어떠합니까?" 한다면 "누대의 고관이 잠시 퇴락했구나." 하리라.

智海逸 上堂擧此話 雲門禪師 積代賣卜 未識爻象 擲得雷天大壯 斷成地火明夷 這僧 庚運乖差 失錢遭罪 若是智海 卽不伊麽 忽然卜着時如何 積代簪纓 暫時落魄

---

17) 효상(爻象) : 괘의 상.
18) 뇌천대장(雷天大壯) : 길한 괘.
19) 지화명이(地火明夷) : 흉한 괘.

대원 문재현은 이 칙을 모두 들고나서 이르노라.

　당시에 이 사람이라면 "홀연히 점쳐도 점쳐지지 않는다." 하면
"그런데 그런 말이 있을 수도 있군요."라고 하고 할을 했을 것이다.

1084칙 젓가락을 들고

 본 칙

운문 선사가 공양 때에 젓가락을 들고 말하였다.

"나는 남쪽 중에게는 공양치 못했고, 북쪽 중에게만 공양하였다."

어떤 선승이 물었다.

"어째서 남쪽 중에게는 공양 못했습니까?"

운문 선사가 말하였다.

"나는 그가 둔하기를 바랬느니라."

선승이 다시 물었다.

"어째서 북쪽 중에게만 공양하셨습니까?"

운문 선사가 말하였다.

"한 화살에 두 화살받이[20]니라."

雲門因齋次 拈起筯云 我不供養南僧 只供養北僧 時有僧問 爲什麼不
供養南僧 師云 我要鈍置伊 僧云 爲什麼 只供養北僧 師云 一箭兩垛

---

20) 화살받이 : 과녁의 앞뒤나 양쪽에 화살이 날아와 꽂히도록 쌓아놓은 것.

∽ 법진일 선사 송

젓가락을 들어서 널리 드러내보이고
남쪽 중에게는 공양치 못하고, 북쪽 중에게만 공양했다고 했네
눈동자를 바꿨으면 일찍이 돌아볼 것도 없는 것을
모두가 똑똑하지 못하여 지독히도 속았구나

法眞一頌
拈來匙筯普相呈
不供南僧供北僧
換却眼睛曾莫顧
熱瞞都爲不惺惺

대원 문재현은 이 칙을 모두 들고나서 이르노라.

운문 선사의 젓가락이여!
팔만장경과 일천의 공안일세. 알겠는가?
(주장자를 한 번 치고)
(주장자를 누이고)
참!

1085칙 눈동자를 지닐 것도 없는 것

 본 칙

운문 선사에게 어떤 선승이 물었다.

"어떤 것이 눈동자를 지닐 것도 없는 것입니까?"

운문 선사가 답하였다.

"천태는 울력을 하고 남악은 산 구경을 하느니라."

雲門 因僧問 如何是不帶眼 師云 天台普請 南岳遊山

∽ 숭승공 선사 송

천태는 울력을 하고
남악은 산구경 한다 함이여
흐르는 물은 머물지 않고
흰 구름은 스스로 한가하다
아난은 손뼉을 치고
가섭은 얼굴에 수심을 띠었다
누군가가 안다 하여도
만 리의 관문이 막혔도다

崇勝珙 頌

天台普請

南岳遊山

流水不住

白雲自閑

阿難撫掌

迦葉愁顔

若人會得

隔萬里關

대원 문재현은 이 칙을 모두 들고나서 이르노라.

 어떤 이가 내게 그렇게 물었다면 "바로 그런 것이다." 했을 것이
다.

 보리밭 위 노고지리 노래 좋고
 정자 찾는 노인들 반기는데
 쏟아진 보의 물은 상쾌해라

1086칙 염칠(念七)

 본 칙

운문 선사에게 어떤 선승이 물었다.
"달마가 벽을 향해 앉은 뜻이 무엇입니까?"
운문 선사가 답하였다.
"염칠(念七)이니라."

雲門 因僧問　達磨面壁意旨如何 師云 念七

◌ 자수 선사 송

한 사람은 장대에 오를 줄 알고
한 사람은 우물을 팔 줄 안다
기량이 비록 같지 않으나
모두가 병이기는 일반이다
누군가가 그런 병을 알면
납자의 콧구멍을 모두 꿰어 다하리라

(이 기록에는 선승이 어떤 노숙에게 묻기를 "달마가 벽을 향해
앉은 뜻이 무엇입니까?" 하니 노숙이 대답하기를 "날씨가 추운데
지붕을 이어 덮지 않았다." 한 것까지 들었다.)

慈受 頌
一人會上竿   一人會穿井穿
伎倆雖不同   摠是一般病
若人識得者般病 衲僧鼻孔都穿盡
(此錄連擧僧問老宿達摩面壁音旨如何老宿云 天寒無茇蓋)

∽ 대혜고 선사가 대중에게 보이고 이 칙를 들고 말하였다.

염칠, 염칠이여. 전혀 소식이랄 것도 없네. 뒤를 보면 분명하고 앞을 보면 알기 어려우리. 이미 이렇게 앞을 보거늘 어째서 알기 어렵다는 것인가?
예를 알아야 되느니라.

大慧杲 示衆擧此話云 念七念七 全無消息 背看分明 正觀難識 旣是 正觀 爲什麼難識 可知禮也

대원 문재현은 이 칙을 모두 들고나서 이르노라.

어떤 이가 내게 그와 같은 질문을 했다면 "소림굴이니라." 했을
것이다.
알겠는가?

솔개 앞의 들쥐는 삼밭이 제일이고
구르는 바윗돌은 평지라야 멈춘다

1087칙 등롱(燈籠)

 본 칙

운문 선사가 어느 때에 말하였다.

"등롱 이것은 그대의 자기이거니와 발우를 잡고 밥을 먹을 때의 밥은 그대의 자기가 아니니라."

어떤 선승이 물었다.

"밥이 자기일 때엔 어떠합니까?"

운문 선사가 말하였다.

"이 들여우 혼신 들린 놈아! 삼가촌 사람이거늘…."

운문 선사가 다시 말하였다.

"이리 오너라. 그대가 밥이 자기라 말하지 않았느냐?"

선승이 대답하였다.

"그렇습니다."

운문 선사가 말하였다.

"나귀해의 꿈에나 삼가촌 사람을 보리라."

雲門 有時 云燈籠 是你自己 把鉢盂噇飯時 飯不是你自己 有僧 問
飯是自己時如何 師云 者野狐精 三家村裏漢 師却云 來來 不是你道
飯是自己 僧云 是 師云 驢年 夢見 三家村裏漢

∽ 자수 선사 송

하루 종일 밥 먹으며 공부하려 애썼지만
등롱도 이 발우도 알지를 못했구나
하고많은 삼가촌 사람들이
바삐 나무에 올라 물고기를 잡으려 하네

慈受 頌
終朝噇飯費工夫
不識燈籠是鉢盂
多少三家村裏漢
忙忙樹上捉鮎魚

∽ 법진일 선사가 이 칙을 들고 말하였다.

　대단하다는 운문 선사가 말에 떨어진 줄도 모른다. 그 선승이 만
일 이런 사람이라면 그가 "이리 오너라. 그대가 밥이 자기라 말하
지 않았느냐?" 하거든 방석을 한 번 던지고 곧장 떠났어야 할 것인
데 그가 이미 그렇게 하지 못했으니, 운문 선사 또한 주운 입으로
밥이나 먹으려는 사람이 되었다.

　法眞一 拈 大小雲門 話墮也不知 者僧 若是介漢 待伊云來來 不是
你道飯是自己 座具 一擲便行 他旣不能 雲門 也是拾得口喫飯

～ 운문고 선사가 이 칙을 들고 말하였다.

자기의 마음을 다해 애썼으나 다른 사람이 입이 터지도록 웃게
했구나.

雲門杲 拈 用盡自己心 笑破他人口

대원 문재현은 이 칙을 모두 들고나서 이르노라.

운문 선사는 진흙물에 들어가고 재 가루를 둘러쓰는 정성을 다했
으나 만고에 웃음거리가 되었으니 어쩌랴.
 험!

1088칙 노승이 그대들을 속였다고 하지 말라

 본 칙

운문 선사가 울력 끝에 말하였다.

"내가 오늘은 고단하니, 물을 것이 있는 이는 빨리 한 가지 물어
라. 그대들이 만일 묻지 않겠거든 이후에 노승이 그대들을 속였다
고 하지는 말라."

雲門 因普請次 道 我今日困 有解問話者 早置一問來 你若不問 向
後莫道老僧謾你

∽ 황룡심 선사의 문답

황룡심 선사가 이 칙을 들고 어떤 선승에게 물었다.

"그대 말해보라. 그때에 어떤 질문을 했어야 운문 선사의 속임을 당하지 않았겠는가?"

선승이 질문을 하려고 망설이자, 황룡심 선사가 불자로 입을 때렸다.

黃龍心 擧此話 問僧 尓道 當時 合置得什麽問 免得雲門謾去 僧 擬問 師以拂子 撺口拂

대원 문재현은 이 칙을 모두 들고나서 이르노라.

　대단하다는 운문 선사가 사람들로 하여금 얼굴을 찌푸리게 하지 말았어야 했다.
　(큰 기침을 하다.)

1089칙 주장자를 들어 세우고

본 칙

운문 선사가 주장자를 들어 세우고, 교(教)에 말하기를 "범부는 실제로 있다 하고, 소승은 분석해서 없다 하고, 연각은 환으로 있다 하고, 보살은 본체가 공이라 한다." 한 것을 들고 말하였다.

"납자들이여, 주장자를 보면 다만 주장자라 하고, 다닐 때 다만 다니고, 앉을 때 다만 앉음이 모두 함이 없는 것이다."

雲門 拈起拄杖擧 教云 凡夫 實謂之有 二乘 析謂之無 緣覺 謂之幻有 菩薩 當體卽空 乃云 衲僧 見拄杖 但喚作拄杖 行但行坐但坐 摠不得動着

∽ 운문고 선사 송

황금대궐의 자물쇠를 열고
옥누각의 종을 친다
천 가지 풀에 눈물 같은 이슬이요
한 모습 소나무에 바람의 읊조림일세

雲門杲 頌
剔開金殿鑰
撞動玉樓鍾
泣露千般草
吟風一樣松

∽ 죽암규 선사 송

소승이니 보살이니 어느 해에 다할까
부처니 범부니도 언젠가는 다하리라
세상 일은 공도(公道)로써 결단할 것이나
사람의 마음이 길이 흐르는 물 같기에 어렵구려

竹庵珪 頌
二乘菩薩何年盡
諸佛凡夫早晚休
世事但將公道斷
人心難似水長流

◌ 법운수 선사가 이 칙을 들고 말하였다.

(주장자를 집어들고)

그대들, 납자들도 주장자라 하고, 삼가촌 사람도 주장자라 하니, 어떻게 해야 납자의 안목을 가려내겠는가?

法雲秀 擧此話 乃拈柱杖云 你衲僧家 喚作柱杖 三家村裏漢 亦喚作柱杖 且作麼生辨得衲僧眼

ↅ 운문고 선사가 이 칙을 들고 말하였다.

쓴 외는 뿌리까지 쓰고 단 외는 꼭지까지 달다.

雲門杲 拈 苦瓜 連根苦 甛瓜 徹底甛

∽ 운문고 선사가 다시 대중에게 보이고 이 칙을 들고 말하였다.

나는 운문 노인처럼 허공에 굴을 파는 것 같은 짓은 하지 않으리라.
(주장자를 번쩍 집어들고)

주장자는 유(有)에도 속하지 않고, 무(無)에도 속하지 않고, 환(幻)
에도 속하지 않고, 공(空)에도 속하지 않는다.

(한 번 내리치고)

범부와 이승과 연각과 보살이 모두가 여기에서 제각기 근기와 성
품에 따라 수용하지만 오직 저 납자 분상에는 해가 되고 원수가
되기도 하나니, 행하려 해도 행함이 있을 수 없고, 앉으려 해도 앉
음이 있을 수 없어서, 한 걸음 나아간다 하면 주장자에 의해 길을
잃고, 한 걸음 물러선다 하면 주장자에 의해 코를 꿰인다.

지금 이 꼴을 달게 여기지 않는 이가 있는가? 있거든 나와서 주
장자와 만나자. 만일 없다면 내년에 다시 새 가지가 돋아서 봄바람
에 어지러이 끝내 쉬지 않으리라.

又示衆擧此話云 我不似雲門老人將虛空剜窟籠 驀拈柱杖云 柱杖子
不屬有不屬無 不屬幻不屬空 卓一下云 凡夫二乘 緣覺菩薩 盡向這裏
各隨根性 悉得受用 唯於衲僧分上 爲害爲寃 要行不得行 要坐不得坐
進一步則被柱杖子迷却路頭 退一步則被柱杖子穿却鼻孔 只今莫有不
甘底麼 試出來 與柱杖子相見 如無 來年 更有新條在 惱亂春風卒未休

대원 문재현은 이 칙을 모두 들고나서 이르노라.

　서야 할 때는 서고 앉아야 할 때는 앉으며 주장자를 짚어야 할 때는 주장자를 짚는다.
　납승들이여! 같다 하겠는가, 다르다 하겠는가?
　(잠잠히 있다가)

누각 앞 화단에는 꽃이 웃고
흰 구름은 백로로 나는데
다듬이 소리가 정적일세

1090칙 편의를 얻다

 본 칙

운문 선사가 어느 날, 방장에서 나오자 어떤 선승이 지나가다가
주장자를 집어주거늘 운문 선사가 받았다가 다시 그 선승에게 주
었는데 선승이 응대함이 없었다.
운문 선사가 말하였다.
"내가 오늘 편의를 얻었다."
선승이 물었다.
"화상께선 무슨 편의를 얻었다 하십니까?"
운문 선사가 답하였다.
"나에게 주운 입으로 밥이나 먹으라 하는구나."

雲門 一日從方丈出 有僧 過拄杖與師 師接得 却過與僧 僧 無對 師
曰 我今日着便 僧問 和尙 爲什麽着便 師云 我拾得口喫飯

⟳ 황룡심 선사가 이 칙을 들고 말하였다.

상좌들은 선승이 응대함이 없었던 이 경지에 대하여 한 마디 대
신하여 말해보라. 무슨 말을 해야 좋았겠는가?
어떤 선승이 대답하였다.
"한가할 때의 물건을 급할 때에 씁니다."
이에 황룡심 선사가 말하였다.
"내가 오늘 편의를 얻었다."
선승이 말하였다.
"화상께선 또한 무슨 편의를 얻었습니까?"
황룡심 선사가 말하였다.
"사리(闍梨)가 대답한 것이 기쁘다."

黃龍心 擧此話云 請上座 向此僧無對處 代取一轉語 爾道 合下得什
麽語 僧曰 閑時物急時用 師曰 我今日 亦着便 僧曰 和尙 爲什麽 亦
着便 師曰 喜得闍梨答話

대원 문재현은 이 칙을 모두 들고나서 이르노라.

납승이여! 한 이불 속의 사람이어야 그 이불 속 찬바람을 안다
했다.

가을에는 낙엽을 쓸어내고
장마에는 우산을 사용하며
겨울에는 겹옷을 입는다네

1091칙 차!

 본 칙

운문 선사에게 어떤 선승이 물었다.

"오랫동안 비가 내려 개이지 않을 때 어떠합니까?"

운문 선사가 답하였다.

"차!"

雲門 因僧問 久雨不晴時如何 師云 箚

♋ 진정문 선사가 상당하여 이 칙을 들고 말하였다.

운문 선사는 비록 때에 맞추어 표범으로 변했으나 동에서 '차!'
하고 서에서 '차!' 하며, 진창과 흙탕물에 빠짐을 면치 못했다. 진
창에 빠지고 흙탕물에 든 것은 그만두고, 운문 산사가 말한 '차!'는
어떠한 '차'자인가? 눈 밝은 납자가 알아차린 바 없는가?

만약 알았다면 운문 선사에게 어떤 숨기운이 있으며, 만일 모른
다면 납자에게 어떤 숨기운이 있는가?

그 숨기운을 콧구멍 있는 이는 가려내보라.

眞淨文 上堂擧此話云 雲門 雖善臨時變豹 東箚西箚 未免和泥合水
和泥合水 卽且止 只如雲門云 箚 是那介箚字 莫有明眼衲僧識麽 若
識 雲門 有什氣息 若不識 衲僧有什氣息 只這氣息 有鼻孔者 辨

◌ 진정문 선사가 다시 상당하여 말하였다.

장안은 몹시 시끄러우나 우리나라는 조용하도다.
(주장자를 번쩍 집어들고)
운문 대사가 왔도다.
차!
오랫동안 비가 와서 개이지 않는구나.
(주장자로 향탁을 치고)
신라는 바다 동쪽에 있고, '임제 종놈은 다만 외눈을 갖추었다.'라
고 한 보화 도적놈은 거짓으로 미친 체 했으며, 참을성 없는 풍간
은 수다스럽게 떠들어 문수와 보현을 가리켜내었도다.

又上堂云 長安 甚鬧 我國 晏然 驀拈拄杖云 雲門大師來也 㖒 久雨
不晴 以拄杖 敲香卓云 新羅 在海東 臨濟小廝兒 只具一隻眼 普化賊
漢 佯狂詐顚 囙耐豊干 饒舌指出文殊普賢

∽ 진정문 선사가 다시 상당하여 이 칙을 들고 말하였다.

대중들이여, 말해보라. 운문 서사의 '차!' 하나가 덕산 선사의 방망이나 임제 선사의 할과 같은가, 다른가? 만일 다르다면 어찌 조종(祖宗)의 문하에 두 가지가 있을 수 있으며, 만일 같다면 어찌하여 덕산·임제·운문 선사의 가풍에 다름이 있으랴.

납자가 여기에 이르러서 어떻게 판가름해야 되겠는가?

만일 판가름해낸다면 가위 끝없는 세계의 나와 남이 털끝만큼도 막히지 않았고 십세의 고금이 시종(始終) 저 한 '차!'를 여의지 않았다 하리라. 오늘 아침은 3월 25일이다. 각자 방에 돌아가서 차나 마셔라.

又上堂擧此話云 大衆 且道 雲門一箚 與德山棒臨濟喝 是同 是別 若道別 祖宗門下 豈有兩般 若道同 爭奈德山臨濟雲門 家風有異 衲僧 到這裏 如何剖判 若剖判得出 可謂無邊刹境 自他不隔於毫端 十世古今 始終不離於一箚 今朝 三月二十五 各自歸堂喫茶去

ꤷ 황룡청 선사가 상당하여 이 칙을 들고 말하였다.

황룡은 그렇게 하지 않으리니, 갑자기 누군가가 묻기를 "오랫동
안 비가 내려 개이지 않을 때 어떠합니까?" 한다면 그에게 "주
(住)!" 하리라.
  운문 선사는 '차!'라 했고, 황룡은 '주!'라고 하니 납자들은 그 의
중을 알아야 된다. 무쇠나무에 꽃이 피지 않는 것은 근심치 않으면
서 도리어 허공이 썪어빠질까 의심하는구나.

  黃龍淸 上堂擧此話云 黃龍 卽不然 忽有人問 久雨不晴時如何 向伊
道住 復云 雲門 簡 黃龍 住 衲子 要須知落處 不愁鐵樹不開花 却疑
爛却虛空去

∽ 백운병 선사가 상당하여 이 칙을 들고 말하였다.

알겠는가? 운문 선사의 한 '차!'를 낯 앞에 들어 보였노라. 언하에
돌아갈 곳을 알아야 하니, 군자라면 가히 들어갈 것이니라.

白雲昺 上堂擧此話云 要會麽 雲門一箚 對面提掇 言下知歸 君子可
入

∞ 운문고 선사가 상당하여 이 칙을 들고 말하였다.

오랫동안 비가 내려 개이지 않다가 개이자마자 다시 비가 내리니, 하늘의 법칙은 변화하고, 만물은 제자리에 있다.
차!
오랫동안 비가 내려 개이지 않는도다.
(잠잠히 있다가 다시 대중을 부르고)
운문 노인이 여기에 있다 함도 허락지 않노라.
참!

雲門杲 上堂擧此話云 久雨不晴 纔晴又雨 天道變化 萬物得所 箚
久雨不晴 良久 復召大衆云 雲門老漢 不在裏許 參

⌒ 운문고 선사가 다시 상당하여 말하였다.

2월 달, 한봄에 오랫동안 비가 내려 개이지 않는구나. 운문 선사의 한 '차'여, 덕이란 이웃할 것 있는 것이 아니니라.
(대중을 돌아보면서)
차!
부끄러워 몸둘 바를 모르겠구나.

又上堂云 二月仲春 久雨不晴 雲門一箚 德非有鄰 乃顧視大衆云 箚
復云 慚惶殺人

ᖇ 밀암걸 선사가 상당하여 이 칙을 들고 말하였다.

대중들이여, 운문 선사의 한 '차!'가 건곤을 널리 감싼다. 바닷물
이 솟고, 수미산이 가파르다.

(주장자를 번쩍 들어 한 번 내리치고)

운문 대사도 여기에선 숨을 내쉴 곳이 없도다. 말해보라. 오거(烏
巨)의 활인안(活人眼)이 어디에 있는가?

(다시 주장자를 내리치고)

오래 내리던 비가 홀연히 개어 하늘은 맑고 땅은 편안하다.

한산이 손뼉을 치고 습득이 기뻐한다.

이렇게 깨달아 알았다 하더라도 벌써 마른 땅에 못박음 당한 것
이니라.

密庵傑 上堂擧此話云 大衆 雲門一篰 乾坤匄匝 海水騰波 須彌岌嶪
驀拈柱杖卓一卓云 雲門大師向這裏 無出氣處 且道 烏巨活人眼 在什
麽處 復卓柱杖云 久雨忽晴 天淸地寧 寒山 撫掌 拾得 忻忻 伊麽會
得 早地遭釘

대원 문재현은 이 칙을 모두 들고나서 이르노라.

어떤 이가 내게 "오랫동안 비가 내려 개이지 않을 때가 어떠합니까?"라고 물었다면 뺨을 한 대 갈겼을 것이다.

여러분, 운문 선사의 '차!'와 같다 하겠는가, 다르다 하겠는가?

눈 밝은 이라면 가려내보라.

1092칙 칼집이 손에 있느니라

 본 칙

운문 선사에게 어떤 선승이 물었다.
"어떤 것이 크게 수행하는 사람입니까?"
운문 선사가 답하였다.
"칼집이 손에 있느니라."

雲門 因僧問 如何是大修行底人 師云 一楖 在手

∽ 지덕 선사 송

손 안의 칼집이라 함이여, 티와 흔적 끊어졌네
길에서 듣고 길에서 전함이나 돌이켜 보아 굴린다고 하면 아득하네
작자가 지금껏 집어 일으키지 못했으니
전과 같이 저 혼자 들고 집으로나 돌아갈밖에

智德 頌
手中一榼絶痕瑕
道聽途傳轉見賒
作者至今拈不起
依前獨自挈歸家

대원 문재현은 이 칙을 모두 들고나서 이르노라.

 내가 운문 선사였다면 "산천초목이 나보다 먼저 일러 마쳤구나."
했으리라.

1093칙 깊은 가운데 얕은 것

 본 칙

운문 선사에게 어떤 선승이 물었다.
"어떤 것이 깊은 가운데 얕은 것입니까?"
운문 선사가 말하였다.
"산하대지니라."
선승이 다시 물었다.
"어떤 것이 얕은 가운데 깊은 것입니까?"
운문 선사가 답하였다.
"대지산하니라."
선승이 다시 물었다.
"어떤 것이 깊은 것입니까?"
운문 선사가 답하였다.
"아침에는 서천에 갔다가 저녁에는 당토(唐土)에 돌아오느니라."

雲門 因僧問 如何是深中淺 師云 山河大地 進云 如何是淺中深 師
云 大地山河 進云 如何是深 師云 朝到西天 暮歸唐土

∽ 심문분 선사 송

산하대지라 함이여, 깊은 가운데 얕음이요
대지산하라 함이여, 얕은 가운데 깊음일세
하늘 끝까지 다니며 세상 일 다 안다고 하는 것도
낚싯배가 여전히 파도 가운데 있는 걸세

心聞賁 頌
山河大地深中淺
大地山河淺處深
行盡天涯諳世事
釣船依舊在波心

대원 문재현은 이 칙을 모두 들고나서 이르노라.

"어떤 것이 깊은 가운데 얕은 것입니까?"

"그렇게 말하라."

"어떤 것이 얕은 가운데 깊은 것입니까?"

"말할 때 그러하니라."

"어떤 것이 깊은 것입니까?"

"절 기둥이 대답을 하는구나."

운문 선사와 같은가, 다른가?

가려내보라.

1094칙 조사를 알고 싶은가

 본 칙

운문 선사가 말하였다.

"조사를 알고 싶은가?"

주장자로 가리키면서 말하였다.

"조사가 그대들의 머리 위에서 뛰고 있다. 조사의 눈동자를 알고 싶은가? 그대들의 발바닥 밑에 있느니라."

또 말하였다.

"이것은 귀신에게 제사한 차와 밥이다. 비록 그러나 귀신은 만족할 줄을 모르는구나."

雲門 曰 要識祖師麼 以柱杖指曰 祖師 在你頭上蹦跳 要識祖師眼睛麼 在你脚跟下 又曰 遮介 是祭鬼神茶飯 雖然如是 鬼神 也無猒足

∽ 운문고 선사의 문답

운문고 선사가 이 칙을 들고 말하였다.

"듣지 못했는가? 미혹에 머물러 있으므로 깨달음을 얻게 한다."

어떤 선승이 곁에 있다가 기침을 한 번 하자, 운문고 선사가 말하였다.

"노승의 이런 말이 무슨 허물이 있는가?"

선승이 입을 열려고 머뭇거리자 운문고 선사가 때렸다.

雲門杲 拈 不見道 留惑潤生 時 有僧 在傍 咳嗽一聲 師曰 老漢與
麼道 有甚麼過 僧 擬議 師便打

대원 문재현은 이 칙을 모두 들고나서 이르노라.

 앞의 운문 선사, 뒤의 운문고 선사 모두에게 차 한 잔씩을 권하노
라.

 종달새는 창공에서 노래하고
 개구리는 호수에서 합창하며
 뻐꾸기는 솔 위에서 읊조린다

1095칙 온 대지가 그대로 해탈의 문

 본 칙

운문 선사가 말하였다.

"온 대지가 그대로 해탈의 문이거늘 쓸데없이 불법이라는 견해를 일으키는구나. 어째서 산을 산이라 하고, 물을 물이라 하지 않는가?"

雲門云 盡大地是介解脫門 枉作佛法會 何不見山是山 見水是水

진정문 선사가 상당하여 이 칙을 들고 말하였다.

　대단하다는 운문 선사가 이름과 말을 잘못 내렸으니, 서른 방망이를 때려야 좋겠다.
　지금 이미 산을 산이라 하지 않고, 물을 물이라 하지 않거늘, 다시 무엇이라 지어 불러야 하겠는가?
　만일 눈 밝은 납자가 있어 가려낸다면 서른 방망이는 도리어 늑담에게 주어야 되고, 만일 가려내지 못한다면 서른 방망이는 그대에게 주리라.
　악!

眞淨文 上堂擧此話云 大小雲門 錯下名言 好與三十棒 如今 旣不喚作山 不喚作水 又喚作什麽 若有明眼衲僧 辨得出 三十棒却還泐潭 若辨不出 三十棒 分付闍梨 喝一喝

∽ 진정문 선사가 다시 상당하여 이 칙을 들고 말하였다.

　귀종은 그렇게 하지 않으리니 온 땅덩어리가 곧 해탈법문이거늘 지견으로 알려는 견해를 짓지 말라. 때로는 산을 산이라고도 하지 않고 때로는 물을 물이라 하지도 않느니라.
　대중들이여, 피차가 대장부이니 남의 속임을 당하지 말라.

　又上堂擧此話云　歸宗　卽不然　盡大地是介解脫法門　不作知見解會 有時　見山不喚作山　有時　見水不喚作水　大衆　彼此丈夫　莫受人謾

대원 문재현은 이 칙을 모두 들고나서 이르노라.

　어찌 온 대지뿐이리오. 온누리의 모든 것이 그대로 해탈의 문이
다. 그러하거늘 어째서 산을 산이라고도 하지 않고, 물을 물이라
하지도 않는다는 것인가?
　눈을 갖춘 납승이라면 말해보라.
　(잠잠히 있다가)

　아비 아들 함께 하는데 그림자 둘 아니네
　이렇게 어울리는 봄경치 누려보게
　오가는 종적 없는 니나노 세상일세

1096칙 무엇을 백 마디 뼈라 하는가

 본 칙

운문 선사가 단하 선사의 말에 "백 마디 뼈는 모두 무너져 흩어지거니와 한 물건은 영원히 신령스럽다." 한 것을 들고 말하였다.

"주장자를 신령스럽지 않다고 못하거니와, 무엇을 백 마디 뼈라 하는가?"

雲門擧 丹霞和尙 道 百骸俱潰散 一物 鎭長靈 師云 柱杖子 不可不靈 喚什麽作百骸

∾ 회당심 선사의 문답

회당심 선사가 이 칙을 들고 말하였다.

"모두가 자기 자신도 구제하지 못할 인간들이다. 한 물건이라 해
도 맞지 않거늘 어찌 다시 영원히 신령스럽다는 말을 하랴."

어떤 선승이 나서서 물었다.

"화상께서도 함부로 옛 사람을 묻어버리지 마십시오."

회당심 선사가 말하였다.

"그대의 견해는 어떤가?"

선승이 방석을 번쩍 들고 말하였다.

"이것은 신령스럽지 않다 못 합니다."

회당심 선사가 답하였다.

"얻음이 있으면, 잃음도 있느니라."

晦堂心 擧此話云 摠是自救不了漢 喚作一物 尙自不中 更說什麼鎭
長靈 時有僧 云 和尙 亦不得埋沒古人 師云 闍梨見處 又作麼生 僧
提起坐具云 這介 不可不靈 師云 有得有失

대원 문재현은 이 칙을 모두 들고나서 이르노라.

한 물건이 영원히 신령하거늘, 백 마디 뼈가 모두 무너져서 흩어
진다는 말이 무슨 말인가?
참!

1097칙 일체 수효와 구절

 본 칙

운문 선사가 영가 선사의 말에 "일체 수효와 구절이라 하나 수효
와 구절이랄 것도 없으니, 나의 신령스런 깨달음에 무슨 관계리
오." 한 것을 들고 말하였다.
"다니고, 머무르고, 앉고, 눕는 이것이 신령스런 깨달음인데 무슨
수효니 구절이니 하리오."

雲門 擧永嘉大師道 一切數句 非數句 與吾靈覺何交涉 師云 行住坐
臥 是靈覺 喚什麽作數句

∽ 원통수 선사가 이 칙을 들고 말하였다.

운문 선사의 기개가 왕 같으나 까닭 없이 똥구덩이로 뛰어들었다. 서현은 그렇게 하지 않으리니, "일체 수효와 구절이라 하나 수효와 구절이랄 것도 없으니, 나의 신령한 깨달음에 무슨 관계리오."라고 했거니와 지금의 산하대지와 밝음·어두움·빛·공함이 모두 이 수효와 구절이라, 무엇이 신령한 깨달음인가?
비록 그러나 서현도 어지럽게 늘어놓기를 면할 길 없었으니, 남겨두어 제방의 점검을 기다리노라.

圓通秀 擧此話云 雲門 氣宇如王 無端跳入屎堁 捿賢則不然 一切數句非數句 與吾靈覺何交涉 如今山河大地 明暗色空 盡是數句 喚什麽作靈覺 雖然如是 捿賢 也不免狼藉 留與諸方檢點

♋ 회당심 선사가 이 칙을 들고 말하였다.

금부스러기가 비록 귀중하나 눈에 들어가면 가리개가 된다. 나는 그렇게 하지 않으리니, 만일 놓아버려도 신령한 근원의 맑은 물에 홀로인 배가 물결에 흔들리는 대로 맡겨두고, 만일 거두어도 긴 것은 스스로 길 뿐이고, 짧은 것은 스스로 짧을 뿐이다.

알겠는가?

구름은 화악 높이 희고, 물은 소상강에 이르러 모두 맑으니라.

晦堂心 擧此話云 金屑 雖貴 落眼成翳 予則不然 若也放去 靈源湛水 任掉孤舟 若也收來 長者 自長 短者 自短 還會麽 雲收華嶽千尋白 水到瀟湘一片淸

대원 문재현은 이 칙을 모두 들고나서 이르노라.

점잖으신 운문, 영가, 원통, 회당 화상들이시여!
다음 송이나 즐기며 차나 드시라 권합니다.

낙타는 사막 위를 달리고
고래는 바닷물을 가르는데
솔개는 푸른 허공 꿰뚫네

1098칙 확실히 떠 있다

 본 칙

　운문 선사가, 아호 선사가 상당하여 "마치지 못한 사람만이 오랫동안 확실히 떠 있다고 하지 말라. 설사 마쳤다는 사람이 거처가 있는 줄을 분명히 안다 하더라도 역시 확실히 떠 있는 것이다."라고 말하는 것을 듣고, 법당에서 내려와 이 이야기를 들어 수좌에게 물었다.

　"아까 화상께서 대중에게 보이고 말하기를 '마치지 못한 사람도 확실히 떠 있고, 마쳤다는 사람도 확실히 떠 있는 것이다.' 하신 뜻이 무엇인가?"

　수좌가 말하였다.

　"확실히 떠 있군요."

　운문 선사가 다시 물었다.

　"수좌는 여기에 오래 있어서 머리가 희고 이가 노랗게 되었거늘, 그런 말을 하는구려."

　수좌가 도리어 물었다.

　"상좌께서는 어떻게 생각하시오?"

이에 운문 선사가 말하였다.

"말하려면 곧 말하고, 보려면 곧 보지요. 만일 보지 못했거든 어지러이 말하지 마시오."

수좌가 말하였다.

"당두(堂頭) 큰스님께서 말씀하시기를 '확실히 떠 있다.' 한 뜻은 또 무엇입니까?"

운문 선사가 답하였다.

"머리 위에 칼을 쓰고, 발목에 족쇄를 찼습니다."

수좌가 도리어 물었다.

"그러한 즉 불법이라 함도 없겠습니다."

운문 선사가 답하였다.

"이는 문수와 보현 등 대인(大人)의 경지요."

雲門 因見鵝湖上堂云 莫道未了底人 長時浮逼逼地 設使了得底人 明得知有去處 尚乃浮逼逼地 師下來 擧此語問首座 適來和尚示衆云 未了底人 浮逼逼地 了得底人 浮逼逼地 意作麽生 座云 浮逼逼地 師云 首座在此久住 頭白齒黃 作這介語話 座云 未審上座 又作麽生 師云 要道卽得 見卽便見 若不見 莫亂道 座云 只如堂頭道浮逼逼地又作麽生 師云 頭上着枷 脚下着杻 座云 伊麽則無佛法也 師云 此是文殊普賢大人境界

∽ 대홍은 선사 송

불조도 원래 마음을 안 적 없거늘
노란 잎을 앞다퉈 집어들어 황금이라 하누나
누군가 만나자 돌아갈 집의 길 묻는다면
산은 스스로 높고, 물은 스스로 깊다 하리

大洪恩 頌
佛祖由來不識心
競拈黃葉謂黃金
相逢誰問還家路
山自高兮水自深

∽ 대홍은 선사가 다시 송하였다.

산은 스스로 높고 물은 스스로 깊다 함이여
시비가 이로부터 양쪽 모두 사라졌네
무슨 일로 운문은 그다지 근심 걱정일꼬?
병든 눈으로 화침[21]을 잘못 알기 때문일세

又頌
山自高兮水自深
是非從此兩平沉
何事雲門大忉怛
還將病眼認花針

---

21) 화침(花針) : 수 놓을 때 쓰는 침.

◌ 대위철 선사가 말하였다.

무릇 근기에 맞춰 응하여 모자람이 없는 가풍은 모름지기 그런 사람이라야 된다. 운문 선사는 가위 푸른 하늘의 벽력이요, 가문 땅에 우레이다. 곧장 백 리 안이 넋이 나가게 한다.

보지 못했는가?

무리를 놀라게 하는 것은 모름지기 성인이라야 되고, 성인을 대적하는 것은 사자 같은 이라야 된다 하였느니라.

大潙喆 云 大凡撥草瞻風 須是其人 雲門可謂靑天霹靂 旱地震雷 直得百里 魂慮變懾 不見道 驚群 須是英靈漢 敵聖 還他師子兒

대원 문재현은 이 칙을 모두 들고나서 이르노라.

운문, 아호, 수좌, 대홍, 대위 선사시여!
차나 드시지요.

노승은 봄뜰에서 미소짓고
다람쥐는 손 모아 앉았는데
동자는 그 구경에 취해있네

1099칙 어떤 것이 초생달인가

 본 칙

운문 선사에게 어떤 선승이 경론 공부를 마치고 여러 차례 뵈러 왔다가 마침내 말하였다.

"운문에 오기 전에는 마치 초생달 같더니, 와서 보니 활등같이 굽었습니다."

운문 선사가 그의 경지를 알고 다시 들어서 물었다.

"그게 그대의 말인가?"

선승이 대답하였다.

"그렇습니다."

운문 선사가 말하였다.

"매우 좋은 말이다. 내가 다시 그대에게 물으리라. 어떤 것이 초생달인가?"

선승이 이마를 뒤로 젖히면서 달을 바라보는 시늉을 하자, 운문 선사가 말하였다.

"그대가 그런다면 다음에 눈을 잃으리라."

선승이 열흘 쯤 지나서 오자, 운문 선사가 다시 물었다.

"그대는 알았는가?"

선승이 대답하였다.

"알지 못했습니다."

운문 선사가 말하였다.

"그대가 나에게 물어라."

선승이 물었다.

"어떤 것이 초생달입니까?"

운문 선사가 답하였다.

"활등같이 굽었느니라."

선승이 어찌할 바를 모르더니, 그 뒤에 과연 눈을 잃었다.

雲門 因一僧 罷經論 來參多時 乃云 未到雲門時 恰似初生月 及乎
到後 曲彎彎地 師得知 乃擧問 是你道否 僧云 是 師云 甚好 吾問汝
作麼生是初生月 僧乃斫額作望月勢 師云 你如此 已後 失却目在 僧
經旬日却來 師復問 你還會也未 僧云 未會 師云 你問我 僧 便問 如
何是初生月 師云 曲彎彎地 僧 罔措 後 其僧 果然失目

🗩 낭야 선사가 말하였다.

말해보라. 불법이 영험이 있는가? 지금 누군가가 낭야에게 묻기를 "어떤 것이 초생달인가?" 한다면 그에게 "경당 앞에서 판(板)을 치는 소리니라." 하리라.

瑯琊 云 且道 佛法 有靈驗麼 如今 若有人 問瑯琊 如何是初生月 向道 經堂前 打板聲

꽃 해회단 선사가 말하였다.

그 선승은 눈을 잃었고, 운문 선사는 콧구멍조차 볼 수 없다. 그러나 이러-히 집은 고을 서쪽에 있느니라.

海會端 云 這僧 失却目 雲門和鼻孔不見 雖然如是 家住州西

대원 문재현은 이 칙을 모두 듣고나서 이르노라.

칼은 쓰는 이에 따라 살리는 칼이 되기도 하고 죽이는 칼이 되기도 한다. 그렇듯이 이 법을 쓰는 것도 그와 같다.

만일 누가 내게 "어떤 것이 초생달인가?" 묻는다면 "이렇게 뜨니라." 했을 것이다.

1100칙 콧구멍이 어느 곳에 있는가

 본 칙

운문 선사가 어느 날 말하였다.

"반으로 가르고 셋으로 찢으니 바늘통 같은 콧구멍이 어느 곳에 있는가? 나에게 제각기 드러내어 보여라."

스스로 대신 말하였다.

"위와 중간과 아래니라."

雲門 一日云 折半裂三 針筒鼻孔 在什麼處 與我箇箇拈出來看 自代云 上中下

∽ 경산고 선사가 이 칙을 들고 말하였다.

남의 말을 가지고 혼을 멋대로 놀리는도다.

徑山杲 擧此話云 倚門傍戶弄精魂

대원 문재현은 이 칙을 모두 들고나서 이르노라.

"반으로 가르고 셋으로 찢으니 바늘통 같은 콧구멍이 어느 곳에 있는가? 나에게 제각기 드러내어 보여라." 하면 "그렇게 들췄으면 되지 무엇을 더 이상 들으려 합니까? 방망이를 안을 짓은 어리석은 이나 하는 법입니다." 했어야 했다.

험!

1101칙 온 곳을 알았으니 말해 보라

 본 칙

운문 선사가 말하였다.

"이미 온 곳을 알았으니 말해보라. 어느 겁에 조사가 없던가?"

스스로 대신 말하였다.

"내가 오늘 알맞게 하지 못했다."

雲門云 旣知來處 且道 甚麼劫中 無祖師 自代云 某甲 今日 不着便

✑ 운문고 선사가 이 칙을 들고 말하였다.

운문 역시 도적이 제 발이 저린 격이다. 경산은 그렇게 하지 않으
리니 "이미 온 곳을 알았으니 말해보라. 어느 겁에 조사가 없던
가?"라고 하고, "풀숲을 치기 위한 것이 아니라 뱀을 놀라게 하려
는 뜻이었느니라." 하리라.

雲門杲 擧此話云 雲門 也是作賊人心虛 徑山 卽不然 旣知來處 且
道 甚麽劫中 無祖師 不圖打草 且要蛇驚

대원 문재현은 이 칙을 모두 들고나서 이르노라.

　도적이 제 발 저린다는 말이 있더니 운문 선사가 그러한 이로구나.
　나라면 어떤 이가 만약 "어느 겁에 조사가 없던가?" 묻는다면 송하리라.

　금학은 알을 낳고
　옥범은 구름을 타며
　흙소는 기침한다

1102칙 선(禪)

 본 칙

운문 선사에게 어떤 선승이 물었다.
"어떤 것이 선(禪)입니까?"
운문 선사가 답하였다.
"옳다."
선승이 다시 물었다.
"어떤 것이 도(道)입니까?"
운문 선사가 답하였다.
"맞다."

雲門 因僧問 如何是禪 師云 是 僧云 如何是道 師云 得

ⓔ 심문분 선사가 이 칙을 들고 말하였다.

　운문 선사는 다만 옳음만 알고 그름은 알지 못했으며, 다만 맞는
것만 알고 맞지 않는 것은 알지 못했다.
　산승이 그대들을 위해 화두를 제창했다. 저버리지 않을 이가 있
는가?

　心聞賁 擧此話云 雲門 只知是 不知不是 只知得 不知不得 山僧 與
你拽轉話頭了也 還有不相辜負底麼

대원 문재현은 이 칙을 모두 들고나서 이르노라.

전광석화란 말은 이런 경우를 두고 하는 말일 것이다.

운문 선사의 능숙함을 엿볼 수 있는 대문이다.

어떤 이가 내게 "어떤 것이 선(禪)입니까?" 하면 이르리라.

"선(禪)."

"어떤 것이 도(道)입니까?" 하면 이르리라.

"도(道)."

운문 선사와 같다 하겠는가, 다르다 하겠는가?

눈을 갖춘 이라면 말해보라.

1103칙 평상의 도리에 어긋나지 않는 한 구절

 본 칙

운문 선사가 말하였다.

"가을의 첫머리, 여름의 끝에 평상의 도리에 어긋나지 않는 한 구절을 말하라."

선승들이 말이 없자, 운문 선사가 스스로 대신 말하였다.

"첫째는 31이요, 중간은 9요, 아래는 7이니라."

雲門 云 秋初夏末 不觸平常 道將一句來 僧 無語 師自代云 初三十
一 中九 下七

∽ 자항박 선사가 상당하여 이 칙을 들고 말하였다.

운문 선사는 그렇게 대신 말을 했고, 산승은 이렇게 제창하노니,
여러분은 어떻게 알아야 되는가?
만일 밝히지 못했다면 거듭 주석을 내리리니 다시 자세히 들어
라. 평상의 도리에 어긋나지 않는 구절이여, 명확해서 바뀐 적 없
도다.
돌아갈 길 검푸른데, 만 년의 솔밭길, 눈〔雪〕에 깊이 덮였네.

慈航朴 上堂擧此話云 雲門 恁麼垂代 山僧 恁麼稱提 是汝諸人 合
作麼生體悉 其或未明 更聽重下註脚 不觸平常句 的的無回互 黯黯青
青有路歸 萬年松徑 雪深覆

대원 문재현은 이 칙을 모두 들고나서 이르노라.

"평상의 도리에 어긋나지 않는 한 구절을 말하라." 할 때

봄에는 뭇 꽃이 다투어 피고
연못에 금붕어떼 노는데
고양이 눈을 떼지 못하네

했더라면 되었을 것을….

1104칙 부처병, 조사병

 본 칙

운문 선사에게 어떤 선승이 물었다.
"부처병, 조사병은 무엇으로 고칩니까?"
운문 선사가 답하였다.
"환히 알아, 응하여 모자람 없이 한다."
그 선승이 다시 물었다.
"무엇으로 고칩니까?"
운문 선사가 답하였다.
"다행히 힘이 있구나."

雲門 因僧問 佛病祖病 將何醫 師云 審卽諧 其僧 又問 將何醫 師
云 幸有力

∽ 한암승 선사가 보설할 때에 이 칙을 들고 말하였다.

그대 말해보라. "환히 알아, 응하여 모자람 없이 한다." 하니, 그 것이 어떠한가? 환히 안다는 것을 살펴 알아 그 병을 벗어나면, 응하여 모자람 없이 함으로 안락하다는 것이 아니겠는가?

말해보라. "다행히 힘이 있구나." 하니 무슨 힘이 있다는 것인가? 약의 힘이 있다는 것이 아닌가? 육체의 힘이 있다는 것이 아닌가? 또는 죽과 밥의 힘이 있다는 것이 아닌가?

이런 것이 아니니라. 그 선승이 묻기를 "부처병, 조사병은 무엇으로 고칩니까?" 했으니, 부처병, 조사병이라 할 때에는 지혜의 힘이 있는 것이 아닌가? 반야의 힘이 있는 것이 아닌가? 수행의 힘이 있는 것이 아닌가? 견고한 힘이 있는 것이 아닌가? 또는 움직임 없는 선정의 힘이 있는 것이 아닌가?

옳지 않다. 옳지 않아. 이미 옳지 않다면 운문 선사가 대답하기를 "다행히 힘이 있구나." 한 뜻이 무엇인지 알 수 없으니 과연 무슨 뜻인가?

운문 선사의 대답에 "다행히 힘이 있구나." 한 세 글자는 자고로 세 가지 약을 말하느니라.

이 세 가지는 무슨 약인가? 천련자(川練子)와 황련근(黃連根)과 황벽피(黃蘗皮)니라.[22]

---

22) 한방에서 쓰이는 약 이름. 병을 고치는 해독제.

갖다가 빻아 걸러서 가루를 만들어 더운 물에 타리니 그대들이 만일 삼키기만 한다면 무슨 부처병, 조사병을 이야기하겠는가?

선병(禪病)에 이르기까지 안락해지지 않는 것이 없거늘 단지 그대들의 믿음이 미치지 못했을 뿐이다. 이미 믿음이 미치지 못한다면 삼켜 넘기지도 못하고 구경만 하게 된다.

만일 사탕이나 꿀이나 엿이라면 먹지 않을 이가 없나니, 이 세 가지 달고 화합한 맛이야 누구인들 즐겨 먹지 않겠는가.

이는 곧 참선하는 사람들이 순조로운 곳만을 사랑하여 일체 의리와 동작과 알음알이와 거취에 끄달림을 당하는 것이니, 어떻게 안락한 경지에 이르겠는가?

寒嵒升 普說擧此話云 你且道 審卽諧 是如何 莫是審察得出其病 卽諧和安樂麽 且道 幸有力 是有什麽力 莫是有藥力麽 莫是有色力麽 又莫是有粥飯力麽 不是如此 其僧 自是問佛病祖病將何醫 若是佛病祖病時 莫是智慧力麽 莫是般若力麽 莫是修行力麽 莫是堅固力麽 又莫是不動力禪定力麽 不是不是 旣然不是 不知 雲門答幸有力意 是如何 當知雲門 答這幸有力三箇字子 自是三般藥 者三般 是什麽藥 是川練子 是黃連根 是黃蘗皮 把來搗羅爲末 熟水調下 你若呑嚥得下時 說什麽佛病祖病 以至禪病無不安樂 只是你信不及 旣是信不及 便呑嚥不去 看得來 若是沙糖蜜糖餳糖 無不喫得 這三般甘甜和美 誰不愛喫 此便是參禪人 愛從順處 打被一切義理知解動作去就引將去 如何到得安樂田地

대원 문재현은 이 칙을 모두 들고나서 이르노라.

"부처병, 조사병은 무엇으로 고칩니까?" 물으니 "환히 알아, 응하여 모자람 없이 한다." 했는데 알고 싶은가?

야(也).

또 "무엇으로 고칩니까?" 하니 "다행히 힘이 있구나." 했는데 알고 싶은가?

(옷 소매를 떨쳐 흔들며 나가버리다.)

1105칙 여래의 말

 본 칙

복주 장경 혜능 선사가 어느 때 말하였다.

"차라리 아라한에게 삼독이 있다고 할지언정 여래에게 두 가지 말이 있다고 하지 말 것이며, 여래가 말이 없다고도 하지 말라. 오직 두 가지 말이 없을 뿐이니라."

보복 선사가 말하였다.

"어떤 것이 여래의 말인고?"

장경 선사가 대답하였다.

"귀먹은 사람이 어찌 들을 수 있겠습니까."

보복 선사가 다시 말하였다.

"그대가 제2의 문에서 말한다는 것을 알겠다."

장경 선사가 말하였다.

"어떤 것이 여래의 말입니까?"

보복 선사가 말하였다.

"차나 마셔라."

福州長慶慧稜禪師 有時 云 寧說阿羅漢有三毒 不說如來有二種語
不道如來無語 只是無二種語 保福 云 作麼生是如來語 師云 聾人爭
得聞 福云 情知汝向第二門頭道 師云 作麼生是如來語 福云 喫茶去

◌ 설두현 선사 송

제1이니, 제2의 문이니 하면
누운 용이라 거울 물에도 비치지 않는다
곳 없는 달 있어 파도 맑건만
곳 있으면 바람 없는 데 파도 일으킴일세
능(稜) 선객이여, 능 선객이여
3월에 우문(禹門)에서 이마를 부딪쳤군[23]

雪竇顯 頌
頭兮第一第二
臥龍不鑒止水
無處有月波澄
有處無風浪起
稜禪客稜禪客
三月禹門遭點額

---

23) 원문에 점액(點額)이라고 되어 있는데 이 뜻은 올라가려다가 좌절하여 물러서는
    것, 낙제하는 것이다. 매년 3월 3일 도화가 필 때에 천지의 기를 느끼고 잉어가 물
    결을 거슬러 올라가 용이 되나 용문을 넘어갈 때 물결 때문에 이마를 바위에 들이
    받아 끌어내려졌다는 중국 전설에서 나온 말이다.

∽ 장산전 선사 송

여래의 말 그대 위해 들어 보이노니
설사 귀머거리가 들어 깨닫는다 하여도
흙에 모래가 섞임을 면치 못한다
차 마시란 보복도 어리석구나
천둥을 향하여 북을 치는 것 같도다

蔣山泉 頌
如來語爲君擧
直饒聾人得聞
未免和沙合土
喫茶保福亦憨癡
似向雷門搗布鼓

∽ 백운병 선사 송

제1의 문이니 제2의 문이니여
청풍과 명월이 모두 유유하다
장군과 전마(戰馬)는 지금 어디 있는고?
들풀 한가한 꽃들이 온 땅에 가득하다

白雲昺 頌
第一頭第二頭
淸風明月兩悠悠
將軍戰馬今何在
野草閑花滿地愁

∽ 운문언 선사의 문답

운문언 선사가 이 칙을 들고 말하였다.
"보복은 어째서 번거로운 말을 했을까?"
선승이 얼른 물었다.
"어떤 것이 여래의 말입니까?"
운문언 선사가 답하였다.
"밥 먹은 뒤에 아직 차를 마시지 않았다."

雲門偃 拈 保福 何用繁詞 僧 便問 作生是如來語 云齋後未喫茶

∽ 지해일 선사가 상당하여 이 칙을 들고, 이어 운문 선사가 이 칙을 들어 말한 것을 들고 말하였다.

선덕들이여, 보복 선사와 장경 선사에게 길〔吉〕한 사람의 말은 적고, 졸(拙)한 사람의 말만 오가는구나. 그러나 자세히 점검하건대 보복 선사와 장경 선사는 창과 방패를 맞대었고, 운문 노인은 바람 불자 풀이 눕는 격이다.

지해는 오늘 태평세계를 다 같이 즐기리라. 어떤 것이 여래의 말인가? 비가 내리면 거리가 젖느니라.

智海逸　上堂擧此話　連擧雲門拈　師云　諸禪德　保福長慶　吉人之詞　寡　拙人之詞　游　若子細點檢來　保福長慶　干戈相待　雲門老人　風行草偃　智海　今日　共樂昇平　作麼生是如來語　雨下街頭濕

⌒ 황룡심 선사의 문답

황룡심 선사가 이 칙을 들고 어떤 선승에게 물었다.
"장경 선사가 말하기를 '귀먹은 사람이 어찌 들을 수 있겠습니까.' 했는데 어째서 도리어 제2의 문에 떨어졌다고 했을까?"
선승이 말하였다.
"귀먹은 사람이 어찌 들을 수 있겠습니까."
황룡심 선사가 말하였다.
"줄도 없이 스스로 속박된 놈이구나. 내가 다시 그대에게 묻노니, 여래는 오직 한 가지 말뿐이라 하니, 어찌해야 한 가지뿐인 도리를 보겠는가?"
이에 선승이 눈을 부릅뜨고 보자, 황룡심 선사가 답하였다.
"아까 한 가지뿐인 도리를 물었거늘 그대는 두 가지인 도리로 대답하는구나."

黃龍心 擧此話 問僧 只如長慶 道聾人 爭得聞 如何却落第二頭 僧曰 聾人 爭得聞 師曰 無繩自縛漢 我更問你 如來唯一說 作麼生見得一底道理 僧 瞪目而視 師曰 比來問一 尒却答二

☞ 천동각 선사가 상당하여 이 칙을 들고, 이어 설두 선사가 "곳 없는 달 있어 파도 맑건만, 곳 있으면 바람 없는 데 파도 일으킴일세."라고 한 것을 들고 말하였다.

만일 어떤 사람이 천동에게 "어떤 것이 여래의 말인가?"라고 묻는다면 그에게 "아라파좌낭.[24]"이라고 하리라.

여러 선덕들이여, 말해보라. 옛 사람의 말과 같은가, 다른가? 여러분이 모르겠다면 다시 쪼개어 주리라. 장경 선사는 잘 지켰고, 보복 선사는 잘 지었고, 설두 선사는 수단이 종횡하고, 천동은 길료[25]의 혀끝이다. 만일 밝게 가려낸다면 그대들과 손 잡고 같이 활보하겠거니와, 만일 그렇지 않다면 각각 노력하라.

天童覺 上堂擧此話 連擧雪竇道 無處 有月波澄 有處 無風浪起 師云 若有人 問天童 作麽生是如來語 向他道 阿羅跛跀曩 諸禪德且道 與古人語 是同 是別 諸人 若也未會 更爲劈折去也 長慶 能守 保福能做 雪竇 手段 縱橫 天童 舌頭猞獠 若也分曉會去 與你把手共行 其或未然 各自勉力

---

24) 아라파좌낭(阿羅跛跀曩) : 5자진언. 한 번 읽으면 일체 법에 평등하고 일체 문자에 평등해 신속히 마하반야를 성취한다는 진언.

25) 길료(猞獠) : 중국 서남쪽 소수민족의 이름. 육조 혜능 대사가 길료인이었다.

ॐ 천동각 선사가 다시 상당하여 이 칙을 들고 말하였다.

　제1의 문, 제2의 문이여, 있는 것과도 같고 없는 것과도 같은 구절이다. 까딱 않고 앉아서 갈림길을 끊으니 밀밀하고 면면하여 물샐 틈도 없고, 굴을 쳐부수어 탄탄하고 탕탕하여 특별한 가풍이니라.

　알겠는가? 아는 이가 천하에 가득하다 하지만, 지음자가 얼마나되랴.

又上堂擧此話云　第一第二頭　似有似無句　坐斷路歧　密密綿綿而不通水泄　打破窠臼　坦坦蕩蕩而別是風規　還會麽　相識　滿天下　知心　能幾人

대원 문재현은 이 칙을 모두 들고나서 이르노라.

말하기 좋아하는 이들의 지껄이는 말에 현혹되지 말지어다.

토끼는 뛰어가고
새들은 날아간다
험

1106칙 모두가 오늘 밤과 같다면

 본 칙

장경 선사가 대중들에게 보이고 말하였다.

"모두가 오늘 밤과 같다면 노호에게 희망이 있도다."

보복 선사가 듣고 말하였다.

"모두가 오늘 밤과 같다면 노호에게 희망이 없도다."

長慶 示衆云 摠似今夜 老胡有望 保福 聞之 乃曰 摠似今夜 老胡絶
望

∽ 열재 거사 송

얼어붙은 산꼭대기 하늘 높이 치솟고
무리 지은 아이들 똑같은 모양새로 쫓기만 하는구나
종소리 듣고서 모두들 독소리라 하고
서로 팔짱을 끼고 서쪽으로 간다면서 각기 동쪽을 향하네

悅齋居士 頌
凍朧山頭大脫空
羣兒打就一模中
聽鍾箇箇呼爲甕
把臂西行各向東

∽ 현각 선사가 불러 모아놓고 물었다.

이렇게 말한 것이 만나본 말인가, 만나보지 못한 말인가?

玄覺 徵 伊麽道 是相見語 不是相見語

'☞ 동선재 선사가 이 칙을 들고 말하였다.

이 두 존숙의 말이 같으나 제각기 도리가 있구나. 대중에서 말하기를 "모두가 이러한 것이 무슨 불만인가?" 하고 또 "모두가 오늘 저녁 같은 것이 무슨 뛰어남이겠는가?" 하니 이렇게 알아서는 아직 깨달은 것이 못 된다.

東禪齊 拈 此二尊宿語 一般 各有道理 衆中 道 摠似如此 嫌什麽 又道 摠似今夜 堪作什麽 若如此會 欠悟在

◌ 천동각 선사가 이 칙을 들고 말하였다.

부유하면 천 식구도 적어서 불만이고, 가난하면 한 몸도 많다고
한탄한다.

天童覺 拈 富嫌千口少 貧恨一身多

～ 공수 화상이 이 칙을 들고 말하였다.

쓴 박은 뿌리까지 쓰고, 단 외는 꼭지까지 달다.

空叟和尙 擧此話云 苦瓠 連根苦 甛瓜 徹帶甛

대원 문재현은 이 칙을 모두 들고나서 이르노라.

 장경, 보복 선사 모두가 물속 달 놀음에는 능하다 하겠으나 십만
팔천리일세.

 사슴은 산 속에서 살고
 돼지는 우리에서 산다
 참

1107칙 몸을 나타내지 않는 국토가 없거늘

 본 칙

장경 선사에게 어떤 선승이 말하였다.

"고려의 중이 관음상을 조성하여 명주에서 배에 실으려 하는데 여럿이 끌어도 들리지 않으므로 개원사로 모시고 들어가서 공양하려 합니다. 몸을 나타내지 않는 국토가 없거늘 어째서 고려에는 가시려 하지 않으셨을까요?"

장경 선사가 답하였다.

"몸을 나타내지 않는 국토가 없거늘 모습을 보기 때문에 치우침이 생기느니라."

(법안 선사가 특별히 말하였다.

"관음을 알기나 하는가?")

長慶 因僧擧 高麗僧 造觀音像 於明州上船 衆力昇不起 請入開元寺 供養 問師 無刹不現身 爲什麼 不肯去高麗 師曰 現身 雖普 觀相生 偏 (法眼別識得觀音未)

∽ 지비자 선사 송

하나의 달이 하늘에 밝으면 모든 물에 비치거늘
오랑캐니 본토니 하여 어찌 멀고 가까움을 지으랴
바람과 번(幡) 움직임이 아니요 마음이 흔들림이라고 한
조계의 육조에게 물으려 하지도 말라

知非子 頌
一月當天萬水殊
豈於夷夏作親疎
風幡不動人心動
休向曹溪問老盧

대원 문재현은 이 칙을 모두 들고나서 이르노라.

에잇, 구구하구나.

태양은 하늘에 빛나고
오월의 산천은 푸르른데
정자에서 번지는 단소소리…

1108칙 성인에 부합한 말

 본 칙

장경 선사에게 어떤 선승이 물었다.

"어떤 것이 성인에 부합한 말입니까?"

장경 선사가 답하였다.

"점잖은 장경이 그대의 한 가지 질문을 당하여 입이 딱 붙어버렸다."

선승이 다시 물었다.

"어째서 그렇습니까?"

장경 선사가 답하였다.

"아까 무엇을 물었던가?"

長慶 因僧問 如何是合聖之言 師曰 大小長慶 被汝一問 口似匾擔
僧云 何故如此 師曰 適來問什麼

∽ 원오근 선사가 이 칙을 들고 말하였다.

　옳기는 옳아서 기틀에 응하여 어긋남이 없었으나, 작은 일에 호들갑 떠는 것 같음이야 어찌하랴.
　혹 어떤 이가 도림에게 묻기를 "어떤 것이 성인에 부합한 말입니까?" 한다면 그에게 "지공은 한가한 화상이 아니니, 가위를 침대 끝에 두었느니라."[26] 하리라.

　圓悟勤 拈 是則是 應機無差 爭奈大驚小怪 或有問道林 如何是合聖之言 對他道 誌公 不是閑和尙 剪刀只在臥床頭

---

26) 지공 화상은 어느 날부터 거주하는 것을 일정하게 하지 않고 마구 먹으며 몸에 거울과 가위를 걸고 돌아다녔다고 한다.

대원 문재현은 이 칙을 모두 들고나서 이르노라.

　만약 어떤 이가 내게 묻기를 "어떤 것이 성인에 부합한 말입니까?" 한다면 그를 향해 "김치는 전라도 김치가 제일이니라." 하리라.

1109칙 묘봉(妙峯)

 본 칙

장경 선사가 보복 선사와 산 구경을 하는데 보복 선사가 손으로 가리키면서 말하였다.

"이것이 묘봉이오."

장경 선사가 말하였다.

"그렇기는 하나, 아깝군요."

나중에 경청 선사에게 이야기하니, 경청 선사가 말하였다.

"만일 손공(孫公)이 아니었다면 해골이 온 들에 즐비한 꼴을 보았으리라."

(설두현 선사가 착어하였다.

"오늘 그와 함께 산 구경을 간 뜻이 무엇이었던가?"

다시 말하였다.

"백천 년 뒤에 이르는 이 없었다고 말라. 그저 적을 뿐이로다.")

長慶 與保福遊山次 福以手指云 只者裏便是妙峯頂 師云 是則是 可

惜許 後 舉似鏡淸 淸云 若不是孫公 便見髑髏徧野 (雪竇顯着語今日
共這漢遊山圖箇什麽 復云 百千年後不道無 只是小)

◌ 설두현 선사 송

묘봉 높은 정상에 풀이 우거짐이여
들어올림에 분명한 것, 누구에게 줄까
손공이 분명히 가려내지 않았다면
해골이 땅에 뒹군들 몇 사람이 알리오

雪竇顯 頌
妙峯孤頂草離離
拈得分明付與誰
不是孫公辨端的
髑髏着地幾人知

∽ 법진일 선사가 이 칙을 들고 말하였다.

보복 선사는 마치 오이마을에서 오이를 파는 사람 같도다. 만일 장경 선사가 알아 부숴버리지 않았더라면 흔히 멋대로 알아들었을 것이다. 어째서 그런가? 듣지 못했는가?
좋은 음식도 배 부른 사람은 먹을 만하지 않느니라.

法眞一 拈 保福 大似瓜洲賣瓜漢 若不是長慶識破 徃徃造次承當 爲什麼如此 不見道 美食 不中飽人湌

∞ 천동각 선사가 상당하여 이 칙을 들고 말하였다.

　사람을 살리는 수단과 도를 즐기는 공부는 모름지기 이런 시절에 이런 경지에 이르러야 한다. 보복 선사는 한 걸음도 잘못 걷지 않았고 장경 선사는 한마디도 잘못 이야기하지 않았다. 그때에 손공이 아니었다면 해골이 들판에 즐비했으리라.
　어째서 그런가? 경청 노인이여, 경청 노인이여.
　태평세월은 전혀 어지러움이 없으니 머리카락도 까딱 않고 평온하게 쉼이라 이 여여함이 원래 도일세.

　天童覺 上堂擧此話云 活人手段 游道工夫 須到伊麼時節 伊麼田地始得 保福 不錯行一步 長慶 不妄說一句 當時 若不是孫公 髑髏遍野有什麼數 鏡淸老鏡淸老 大平治象 渾無擾 毛髮 不萌平穩休 只箇如如元是道

☞ 천동각 선사가 대중에게 보이고 이 칙에서 "해골이 온 들에 즐비하리라." 한 것까지 들고 말하였다.

　보복 선사는 땅덩이를 바꾸어 황금으로 만들고, 긴 강을 저어서 소락을 만드는 일을 이와 같이 했고, 장경 선사는 바람이 없는데 어찌 물결을 일으킬 것이며, 평지를 언덕으로 만들려는 짓을 어찌 긍정할 것인가 해서 이와 같이 하였다.

　설두 선사의 뜻은 종과 솥에 명(銘)²⁷⁾을 새김이요, 경청 선사는 태평세계는 형상이 없다 했으니, 어떻게 알꼬?

　시골 노인은 요순의 힘도 알지 못한 채 북을 둥둥 치며 강신(江神)에게 제사한다.

　又示衆擧此話至　髑髏徧野　師云　變大地作黃金　攪長河爲酥酪　保福
要伊麽　無風何須起浪　平地　豈肯生堆　長慶　要伊麽　雪竇意　鍾鼎刻銘
鏡淸　道大平無像　且作麽生體悉　野老不知堯舜力　鼕鼕打鼓祭江神

---

27) 명(銘) : 평생의 사적을 적어놓은 것.

대원 문재현은 이 칙을 모두 들고나서 이르노라.

보복이여, 보복이여.
새삼스럽고 새삼스런 말이로세.
손 한 번 들고, 발 한 번 내딛음에 어떤 것이 아니던고?
어험!

1110칙 물음도 없고 대답도 없을 때

 본 칙

장경 선사에게 어떤 선승이 물었다.

"물음이 있고 대답이 있으면 손과 주인이 뚜렷하거니와 물음도 없고 대답 없을 때엔 어떠합니까?"

장경 선사가 답하였다.

"만나는 이마다 모두가 벼슬을 그만두고 떠났다고들 하나, 어찌 숲에서 한 사람인들 보았으랴."

長慶因僧問 有問有答 賓主歷然 無問無答時如何 師云 相逢盡道休官去 林下 何曾見一人

∽ 지문조 선사 송

사람마다 자기 마음 쉬었다 하나
물어보면 어찌 그런 경지 있던가?
입으로 말한 것, 마음을 어기어 자기를 속이니
급하고도 급한 업의 강물에 표류하게 되리라

智門祚 頌
人人盡道我心休
問着何曾有地頭
口說心違瞞自己
業河迅速任漂流

    ☞ 설두현 선사가 이 칙을 들고, 이어 어떤 선승이 서당 선사에게 묻기를 "물음이 있고 대답이 있으면 손과 주인이 뚜렷하거니와 물음도 없고 대답도 없을 때엔 어떠합니까?" 하니 서당 선사가 "썩는 것이 두렵거든 치워 없애게." 한 것을 들고 말하였다.

    어째서 본분초료[28]를 주지 않았던가?

    雪竇顯 擧此話 幷擧僧問西堂 有問有答 賓主歷然 無問無答時如何 堂云 怕爛却去那 師云 何不與本分草料

---

28) 본분초료(本分草料) : 천진한 본분이 마치 말에게 주는 풀같이 담담무미하여 이렇게 이름한다. 선문에서는 선사가 학인에게 불자, 방, 할을 쓰는 데에 비유한다.

◌ 원오근 선사가 이 칙을 들고 말하였다.

　만일 누가 숭녕에게 묻기를 "물음이 있고 대답이 있으면 손과 주인이 뚜렷하거니와 물음도 없고 대답도 없을 때엔 어떠합니까?" 하면 그에게 "안남 지방을 얻고 다시 새북을 걱정하누나." 하리라.[29]

　圓悟勤 拈 若問崇寧 有問有答 賓主歷然 無問無答時如何 對他道
收得安南 又憂塞北

---

29) 안남과 새북은 남과 북으로 정 반대쪽에 있다.

대원 문재현은 이 칙을 모두 들고나서 이르노라.

태허에 바람 없음을 걱정하랴.
봄이 되면 남으로부터 자연히 불어오는 것을….

눈 내리는 한겨울 북녘산인
백두의 정상에는 꽃 없다가
오뉴월엔 꽃들이 다퉈 피네

1111칙 어깨를 스치고 지나가다

 본 칙

장경 선사가 대중에게 보이고 말하였다.

"도반과 만나 서로 어깨만 스치고 지나가도 일생의 참선공부를
마쳤다 하리라."

長慶 示衆云 撞着道伴 交肩過 一生參學事畢

ꕽ 설두현 선사가 이 칙을 들고 말하였다.

옳기는 옳으나 바늘도 찌를 수 없고 바람도 들어갈 수 없거늘, 무
슨 쓸 곳이 있으리오.

雪竇顯 拈 是則是 針不劄風不入 有什麽用處

꙳ 원오근 선사가 이 칙을 들고 말하였다.

'도반과 만나 서로 어깨를 스치고 지나간다' 함을, 노주와 등롱이
함께 증명하도다.

圓悟勤 拈 撞着道伴交肩過　露柱燈籠 共證明

대원 문재현은 이 칙을 모두 들고나서 이르노라.

장경이여, 장경이여, 일 없으면 잠이나 주무시지
손 들고 발 딛음, 어느 하나 같이 하지 않은 적이 없음을
천하에 산천들도 증명하지 않은 적 없었다네

1112칙 날마다 쓰되 알지 못하는 것

 본 칙

장경 선사가 수재(秀才)에게 물었다.

"불교에서 말하기를 '중생이 날마다 쓰되 알지 못한다.' 하였고, 유서(儒書)에는 말하기를 '백성들이 날마다 쓰되 알지 못한다.' 하였으니, 알지 못한다는 것이 무엇인가?"

수재가 대답하였다.

"대도를 알지 못한다는 것입니다."

이에 운문 선사가 말하였다.

"분명히 알지 못하는구나."

(법진일 선사가 특별히 말하였다.

"천하 사람을 의심케 했구나."

또 말하였다.

"화상이 말한 것입니다.")

長慶 問秀才 佛敎 云衆生日用而不知 儒書 云百姓 日用而不知 不

知介什麼 秀才云 不知大道 雲門 云 酌然不知 (法眞一 別 疑殺天下
人又云 和尙道底)

∾ 법진일 선사가 이 칙을 들고 말하였다.

어리석은 선비일세. 어째서 "화상의 명성을 오랫동안 들어 왔습니다."라고 하지 않았던고?

法眞一 拈 憨措大 何不道久嚮和尙

대원 문재현은 이 칙을 모두 들고나서 이르노라.

수재는 그때 "들풀에도 분명하다."라고 했어야 했다.

1113칙 정법의 눈

 본 칙

장경 선사에게 어떤 선승이 물었다.
"어떤 것이 정법의 눈입니까?"
장경 선사가 말하였다.
"원컨대 모래를 뿌리지 말라."
보복 선사가 말하였다.
"다시 더 뿌리지 말라."

長慶 因僧問 如何是正法眼 師云 有願不撒沙 保福云 不可更撒也

ⵦ 설두현 선사가 이 칙을 들고 말하였다.

　대저 종사가 결정코 본분으로서 서로 만났다면 모래를 뿌리지 말아야 한다. 그러면 어떤 것이 여러분의 정법의 눈인가? 남의 속임을 받지 않는 사람이 나와서 대중 앞에 말한다면 여럿이 다 알겠거니와 만일 말하지 못한다면 취봉이 하나하나 그대들에게 점검해 주리라. 눈을 떠도 드러냄이요, 눈을 감아도 드러냄이다.

　雪竇顯 拈 夫宗師決定以本分 相見 不敢撒沙 且那箇是諸人正眼 不受人瞞底漢 出來 對衆道看 共相知委 若道不得 翠峯 一一與你點過 開眼也着 合眼也着

대원 문재현은 이 칙을 모두 들고나서 이르노라.

가령 장경 선사가 내게 그렇게 물어왔다면 손가락을 쥐어보였을 것이다.
험.

1114칙 갖추어져 있어서 정결하거늘

 본 칙

장경 선사가 대중에게 보이고 말하였다.

"갖추어져 있어서 정결하거늘 받아들이지 못하고 앞으로 가까이 다가와 내게서 찾으려 하다니, 등줄기를 한 방망이 때려주리라. 한 방망이가 그대에게 닿는다면 그대들이 모름지기 부끄러운 생각을 낼 것이나, 그대에게 한 방망이 이르름도 없다면 그대는 또 어디서 알겠는가?"

長慶 示衆云 淨潔打疊了也 却近前就我覓 我劈脊與你一棒 有一棒到你 你須生慚愧 無一棒到你 你又向甚處會

◌ 설두현 선사가 이 칙을 들고 말하였다.

　설두는 그렇게 하지 않으리니, "갖추어져 있어서 정결하거늘 내 앞으로 가까이 오면 등줄기를 한 방망이 때려주리라. 한 방망이가 그대에게 닿는다면 그대는 굴욕을 당하는 것이거니와, 한 방망이도 닿은 적이 없다면 그대는 손쉽게 벗어났다 하리라. 이렇게만 알라." 하리라.

　雪竇顯 拈 雪竇 卽不然 淨潔打疊了也 直須近前我 劈脊與你一棒 有一棒到你 你則受屈 無一棒到你 與你平出 但與麽會

○ 천동각 선사가 이 칙을 들고 말하였다.

    죽은 입으로 상주(常住)의 밥을 먹고 다리를 뻗고 긴 평상에 누웠
으니, 부끄러움 아는 이를 구하려 해도 만나기 어렵구나. 장경 선
사의 방망이가 떨어진 곳을 알겠는가?
    우레가 깊은 잠을 깨우고, 번개가 꼬리를 태움이여, 우뚝우뚝 머
리뿔이 돋았다.

天童覺 拈 死口喫常住飯 展脚臥長連床 求介知慚愧者難得 還知長
慶棒落地處麽 雷開蟄戶電燒尾 引出崢嶸頭角來

대원 문재현은 이 칙을 모두 들고나서 이르노라.

장경 선사의 보임과 한 방망이가 같은가, 다른가?
빨리 일러라. 빨리 일러.
(이르는 이 없자)
한나라 개를 닮지 말라.

보임이여! 장등도 보였고
방망이여! 무는 모기도 보였으며
뜰에 노는 참새도 보였네

1115칙 산양이 뿔을 걸기 전에 어떠합니까

본 칙

장경 선사에게 어떤 선승이 물었다.
"산양이 뿔을 걸기 전에 어떠합니까?"
장경 선사가 말하였다.
"풀섶 속의 사나이니라."
선승이 다시 물었다.
"건 뒤에는 어떠합니까?"
장경 선사가 말하였다.
"어지러이 부르짖는 사나이니라."
선승이 다시 물었다.
"끝내 무슨 뜻입니까?"
장경 선사가 말하였다.
"나귀의 일이 끝나기 전에 말의 일이 닥쳐왔느니라."

長慶 因僧問 羬羊未掛角時如何 師云 草裏漢 云 掛角後如何 師云
亂叫喚 云 畢竟如何 師云 驢事未了 馬事到來

∽ 설두현 선사가 이 칙을 들고 말하였다.

차라리 가루와 같이 몸을 부술지언정 끝끝내 사람의 눈을 멀게 하지는 말아야 하는데, 장경 선사는 아직 충분하진 못했다.

아무리 보통 사람이어서 산양이 뿔을 걸기 전이라지만, 마치 만리 밖에서 고향을 바라보는 것 같게 했다.

雪竇顯 拈 寧可碎身若微塵 終不瞎介衆生眼 長慶 較些子 復云 一般漢 設使羫羊未掛角 也似萬里望鄕關

대원 문재현은 이 칙을 모두 들고나서 이르노라.

　어떤 이가 "산양이 뿔을 걸기 전에 어떠합니까?"라고 내게 묻는다면 나는 그를 향해 "그대 같은 이일세."라고 했을 것이다.
　또 "건 뒤에는 어떠합니까?"라고 묻는다면 나는 그를 향해 "그대 같지 않은 이일세." 했을 것이다.
　험.

1116칙 금을 이니 누가 얻습니까

 본 칙

장경 선사에게 어떤 선승이 물었다.
"여러 사람이 금을 이니 누가 얻습니까?"
장경 선사가 말하였다.
"기량 있는 이가 얻느니라."
선승이 다시 물었다.
"학인도 얻을 수 있겠습니까?"
장경 선사가 말하였다.
"너무나 멀리 있구나."

長慶 因僧問 衆手淘金 誰是得者 師云 有伎倆者得 僧云 學人 還得
也無 師云 大遠在

∽ 지문조 선사 송

여럿이 금을 이니 얻을 이 누굴꼬?
가느다란 티끌 막아 장애함, 어찌 능히 고치랴
험한 파도 끝이 없고 황금은 아득하니
한 가지도 이루지 못하고 빈 손으로 돌아가누나

智門祚 頌
衆手淘金得者誰
纖塵窒礙豈能爲
洪波浩渺黃金遠
一事無成空手歸

⌒ 설두현 선사가 이 칙을 들고 말하였다.

그 선승을 대신해서 즉각 할을 하리라.

기량 있는 이가 얻으리라 했으니 한 손으로 전해준 격이요, 기량 있는 이도 얻지 못한다 하면 두 손으로 전해주는 것이니라.

"학인도 얻을 수 있겠습니까?" 했으니 "아이고! 아이고!"로다.

雪竇顯 拈 代者僧 當時便喝 復云 有伎倆者得 一手分付 有伎倆者 不得 兩手分付 學人 還得也無 蒼天蒼天

대원 문재현은 이 칙을 모두 들고나서 이르노라.

   대원은 장경 선사와 같지 않아서 "누가 얻습니까?" 할 때 한 대 때리고, 또 "학인도 얻을 수 있겠습니까?" 할 때도 한 대 때리리라.
   알겠는가?
   험.

1117칙 이 선승에게 절을 하라

 본 칙

장경 선사가 법당에 오르니 대중이 모두 모이거늘, 장경 선사가 한 선승을 끌어내다가 말하였다.

"대중은 모두 이 선승에게 절을 하라."

다시 말하였다.

"말해보라. 그 선승에게 어떤 뛰어난 점이 있기에 대중에게 절을 하라 했는가?"

長慶 陞堂 大衆集定 自拽出一僧云 大衆 一時禮拜者僧 復云 且道 者僧 有何長處 教大衆禮拜

∽ 장산전 선사 송

끌어내어 당당히 대중 앞에 세우고
사람들에게 절을 하라니 미치광이 같다 하겠는가
그 선승의 뛰어난 점을 알겠는가
가사 입기를 좋아하느니라

蔣山泉 頌
拽出堂堂立衆前
敎人禮拜似癡顚
者僧長處還知否
愛把袈裟搭左肩

대원 문재현은 이 칙을 모두 들고나서 이르노라.

그 선승의 뛰어난 점이여!
임제의 할이요, 덕산의 방망이며, 조주의 잣나무다.
그러나 새삼스런 일일세.

1118칙 한 방울의 먹물이 두 곳에 용을 이뤘느니라

 본 칙

항주 용책사 도부 순덕[30] 선사에게 어떤 선승이 물었다.

"학인이 근원을 통달치 못했으니, 스님께 방편을 구합니다."

도부 순덕 선사가 답하였다.

"무슨 근원인가?"

선승이 다시 말하였다.

"그 근원입니다."

도부 순덕 선사가 말하였다.

"만일 그 근원이라면 무슨 방편을 받겠는가?"

선승이 떠난 뒤에 시자가 물었다.

"화상께선 그에게서 빼앗은 것이 아닙니까?"

도부 순덕 선사가 답하였다.

"무(無)."

"그에게서 빼앗지 못한 것이 아닙니까?"

"무(無)."

---

30) 도부 순덕(道怤 順德) : 경청(鏡淸) 선사. 중국 온주 영가 출생. 법명은 도부. 시호
는 순덕이다.

시자가 말하였다.

"필경에 어떠합니까?"

도부 순덕 선사가 말하였다.

"한 방울의 먹물이 두 곳에 용을 이뤘느니라."

杭州龍冊寺道怤順德禪師 因僧問 學人 未達其源 乞師方便 師云 是
什麼源 僧云 其源 師云 若是其源 爭受方便 僧去後 侍者問 和尙 莫
成褫他否 師云 無 侍者云 莫不成褫他否 師云 無 侍者云 畢竟如何
師云 一點水墨 兩處成龍

∽ 대각련 선사 송

한 방울의 먹물이 두 곳에 용 이뤘다 함이여
학인이 곁에서 보기만 한다면 어찌 만나랴
정양이 그 날 보았더라면
당장에 검을 휘둘러 자취를 남기지 않았으리라

大覺璉 頌
一星水墨兩成龍
學者傍觀豈得逢
若使旌陽當日見
直須揮劍不留蹤

꒰ 천복일 선사 송

두 곳에 용을 이룬다 했으니 이런 분상이 되었던가
눈 푸른 부처님의 웃음을 듣지 못했는가
경청의 의기를 괴이히 여기지 말라
그는 일찍이 성스럽고 밝은 임금을 뵌 이일세

薦福逸 頌
成龍兩處若爲分
碧眼黃頭笑未聞
莫怪鏡淸多意氣
他家曾謁聖明君

∽ 법진일 선사 송

학인이 와서 물은 근원을 가리킬 때
구절 속에 기틀을 밝혔으니 자세히 보는 것이 좋다
자기 말이 떨어지는 곳도 알지 못하고
번거로이 노인의 말 수고만 더하게 하였네

法眞一 頌
學人來問指其源
句裏明機好細觀
自語不能知落處
煩他老作費言端

～ 보녕용 선사 송

거울 같은 호수여, 가없어 이러-하거늘
망망해서 그 근원을 통달한 이 없구나
왕유의 묘한 솜씨가 뛰어나게 그려내듯
한 점이 두 곳에서 용을 이룸 온전했네

保寧勇 頌
鏡水平湖碧湛然
茫茫曾未達其源
王維妙手堪圖畵
一點成龍兩處全

೧ 심문분 선사 송

긴 강 어귀가 얼어 차단됨이여
새의 길로 쫓아서 온 사람들 보이지 않누나
한바탕 맑은 바람이 우거진 대숲을 휩쓸고
옥난간 위에는 흰 눈이 쌓였네

心聞賁 頌
凍淩鑠斷長河口
不見人從鳥道來
一陣風回脩竹裏
玉欄干上雪成堆

∽ 오조계 선사가 이 칙을 들고 말하였다.

그런 말이 몹시도 험하니라. 비록 그렇게 험한 말이나 깨닫게 하
는 데 쓰이니 어쩌랴. 그 한 점을 친히 알고 싶은가? 경청 선사의
의기를 괴이하게 여기지 말라. 그는 일찍이 성스럽고 밝은 임금을
뵈었느니라.

五祖戒 拈 與麼道 也大險 雖然語險 爭奈用得親 者一點要會麼 莫
怪鏡淸多意氣 他家曾謁聖明君

⌒ 설두현 선사가 이 칙에서 "무슨 방편을 받겠는가?" 한 것까지 들고 말하였다.

　죽은 물 속에 잠겨버리니 무슨 쓸모가 있으리오.
　(시자가 "아까 그에게서 빼앗지 못한 것이 아닙니까?" 한 것으로 부터 "두 곳에 용을 이뤘느니라." 한 것을 들고 말하기를)
　아직도 조금 비슷할 뿐이라고 해두노니 설두가 경청 선사의 위광을 줄이려는 것이 아니라 그 선승으로 더불어 깨닫게 하기 위한 것이다. "무슨 근원인가?" "그 근원입니다." 하였으니 30년 뒤에 그대에게 서른 방망이를 때리리라.

　雪竇顯 舉此話至 爭受方便 師云 死水裏浸却 有什麽用處 侍者問 適來成褫伊至 兩處成龍 師云 猶較些子 雪竇 不是減鏡淸威光 要與 者僧 相見 是什麽源 其源 三十年後 與你三十棒

∽ 법진일 선사가 이 칙을 들고, 이어 설두 선사가 이 칙을 들어 말한 것을 들고 말하였다.

설두 선사의 그런 말이 상을 주는 것인가, 벌을 주는 것인가?

法眞一 擧此話 連擧雪竇拈 師云 雪竇伊麼道 是賞伊 是罰伊

∽ 장산근 선사가 이 칙을 들고 말하였다.

경청 선사는 본분의 망치를 갖추어서 작가의 화로와 풀무가 있으므로 마치 밝은 거울이 경대에 걸려 있는 것과 같아, 들어 보임에 남김없이 비치는 것 같아서, 비록 즉시 감응하여 근기에 응하기는 했으나 오히려 갈등으로 허비했다 하겠다.

만일 산승이라면 갑자기 어떤 이가 와서 그 근원 통달하지 못한 것을 묻는다면 그에게 "무슨 근원인가?" 하여 그가 "그 근원입니다." 하면 등줄기를 당장 때리리라.

다시 누군가가 "그에게서 빼앗은 것이 아닙니까?" 하면 "무(無)." 하고 "그에게서 빼앗지 못한 것이 아닙니까?" 하면 "무(無)." 하고 "화상의 뜻은 어떠하십니까?" 하면 등줄기를 후려쳤다면 뭇 흐름을 끊었을 뿐 아니라 종안(宗眼)을 드높게 빛냈을 것이니라. 가려낼 수 있겠는가?

蔣山勤 拈 鏡淸 具本分鉗鎚 有作家爐鞴 正如明鏡當臺 擧無遺照 雖則赴感應機 要且猶費葛藤 若是山僧 忽有問未達其源 對他 是什麼 源 待伊道其源 劈脊便棒 更有問 是成褫伊否 無 是不成褫伊否 無 和尙尊意若何 劈脊便棒 非唯截斷衆流 亦乃光揚宗眼 還辨得出麼

대원 문재현은 이 칙을 모두 들고나서 이르노라.

만일 대원이라면 "어찌 여기까지 와서 묻는단 말인가. 산천초목
과 장등석과 법당 기둥 등이 벌써 역력히 그 방편을 보여 마쳤느
니라." 하고 혹 그래도 살피지 못하고 다시 물을 때는 할을 해서
오랜 잠에서 깨게 했을 것이다.

1119칙 빗방울 소리

🪷 본 칙

경청 선사가 어떤 선승에게 물었다.

"문 밖에 무슨 소리인가?"

선승이 대답하였다.

"빗방울 소리입니다."

이에 경청 선사가 말하였다.

"중생이 전도되어 자기를 잃고 물건을 좇는구나."

선승이 말하였다.

"화상은 어떻게 생각하십니까?"

경청 선사가 답하였다.

"자기를 매한 적 없느니라."

선승이 다시 물었다.

"자기를 매한 적 없다는 뜻이 무엇입니까?"

경청 선사가 말하였다.

"몸에서 나오기는 오히려 쉽지만 체득함에서 벗어나는 것은 어렵다고 했느니라."

鏡淸 問僧 門外是什麽聲 僧云 雨滴聲 師云 衆生 顚倒 迷己逐物 僧云 和尙 作麽生 師云 洎不迷己 僧云 洎不迷己意旨如何 師云 出身 猶可易 脫體 道應難

☙ 설두현 선사 송

빈 집에 빗방울 소리여
작자도 응수하기 어렵구려
일찍이 깨달음의 경지에 들었다면
여전히 도리어 아는 것이 없다 하리
알아서는 아는 것이 없음이여
남산과 북산에 콸콸 흐른다

雪竇顯 頌
虛堂雨滴聲
作者難酬對
若謂曾入流
依前還不會
會不會
南山北山轉霂霂

∽ 장산근 선사 송

따라 흐르고 거슬러 흐르기도 해서
물건과 물건에서 굴림이여
뛰어남인저
소리를 관하여 상쾌하게 그를 곧바로 만나게 함이로다
몸에서 벗어나고 체득함에서 벗어난 구절이 분명하거늘
문 밖에 여전히 빗방울 소리로만 듣는구나

蔣山勤 頌
順流逆流
轉物物轉
良哉
觀音快逢其便
出身脫體句分明
門外依前雨滴聲

∽ 숭승공 선사 송

빗방울 소리라면
자기를 잃고 물건을 좇음일세
음양으로 헤아릴 수 없음이여
놀랍고도 황홀키만 하여라
확탕 노탄이요
우두 옥졸이다
생각하여 망설이면
곧바로 끌려가리

崇勝珙 頌
雨滴之聲
迷己逐物
陰陽不測
惟怳惟惚
鑊湯爐炭
牛頭獄卒
思量擬議
便遭牽率

∽ 자수 선사 송

처마 끝에 빗방울이 떨어지니
섬돌 앞의 땅이 젖는다
법마다 눈 앞에 이뤄졌거늘
사람들의 믿음이 미치지 못하는구나
다시 어찌할까 묻는다면
긴 강에 물이 급하다 하리

慈受 頌
簷頭雨滴
堦前地濕
法法見成
人信不及
更問如何
長江水急

∽ 육왕심 선사 송

비 뒤에 구름 어두워 동서를 잃으니
문 밖의 금강이 발에 진흙 밟았네
처마 끝의 분명한 뜻 물으려 하면
이미 흐름 따라 앞 개울을 지났다 하리라

育王諶 頌
雨餘雲暗失東西
門外金剛脚踏泥
擬問簷前端的意
已隨流水過前溪

∽ 무위자 선사 송

이 무슨 소리인가
가득한 빗방울 소리여
자기를 잃고 물건을 좇는다면
뒤바뀐 중생일세

無爲子 頌
是什麽聲
雨聲浩浩
迷己逐物
衆生顚倒

   ◌◦ 낭야각 선사가 이 칙에서 '자기를 잃고 물건을 좇는다' 한 것
까지 들고 말하였다.

얻기는 얻었으나 마치 평지에서 사람을 빠뜨리는 짓 같도다.

瑯琊覺 擧此話至 迷己逐物 師云 得則得 大似平地上陷人

ↄ 보녕수 선사가 이 칙을 들고 대중을 부르고 말하였다.

몸에서 나오는 한 구절은 여러분이 모두 알거니와 어떤 것이 체득함에서 벗어나는 한 구절인가? 누군가가 말할 수 있는가? 나와서 말해보라.
(잠잠히 있다가)
일이 힘들어야 비로소 대장부의 마음을 볼 수 있다.

保寧秀 擧此話召大衆云 出身一句 諸人 摠知 作麼生是脫體一句 還有人 道得麼 出來道看 良久云 事難方見丈夫心

☞ 천동각 선사가 이 칙을 들고 말하였다.

처마 끝의 빗방울 소리에 그대 정신 차렸는가를 묻는 것일세. 당장에 자기 일을 성취하면 길 가운데에서 주인이 되어 세계마다에서 부처를 보고 티끌마다에서 경(經)을 내리라.

화악(華岳)에 이어진 하늘빛을 쪼개내고, 황하가 바다에 이르는 소리를 방출하듯 하리라. 그러나 경청이 "몸에서 나오기는 오히려 쉽지만 체득함에서 벗어나는 것은 어렵다." 한 것은 또 어찌하겠는가?

알겠는가? 성현들의 가풍 앞에 눈을 속이기 어려우니라.

모임에 조산(曹山) 선사가 있어서 경청 선사를 알아봤네.

天童覺 拈 簷頭雨滴聲 問你要惺惺 直下成己事 途中作主盟 刹刹見佛 塵塵出經 劈開華嶽連天色 放出黃河到海聲 只如鏡淸 道 出身 猶可易 脫體 道應難 又作麼生 還會麼 風前諸聖 難瞞眼 會有曹山識鏡淸

∽ 황룡심 선사가 이 칙을 들고 말하였다.

어려우니 쉬우니 하며 견해를 굴리면 더욱 자기를 잃는다. 자기를 잃지 않으려면 지금 무슨 소리라 해야 되겠는가?

黃龍心 拈 說難說易轉見迷己 要不迷己 如今喚作什麼聲

～ 육왕심 선사가 이 칙을 들고 말하였다.

　한 방울에 이미 젖었으니 천만 방울에 모두 젖었거늘 그 선승은 죽도록 애써 마른 곳만을 찾은 격이요, 경청은 또 거품 속에서 불꽃을 일으키고 물결 속에서 먼지를 일으키려 한 꼴을 면치 못했다. 여러분은 끝내 어떻게 아는가?

　育王諶 拈 一滴 旣濕 千滴萬滴皆濕 者僧 苦死覓介乾底 鏡清 又不免向漚中起焰 浪裏颺塵 汝等諸人 畢竟如何委悉

○ 대악 선사가 상당하여 이 칙에서 "자기를 잃고 물건을 좇는
다." 한 것까지와, 다른 날, 다시 어떤 선승에게 "문 밖에 무슨 소
리인가?"라고 물으니 선승이 대답하기를 "뱀이 개구리를 무는 소
리입니다." 하니 경청 선사가 "중생이 괴롭다고 여겼더니, 더 괴로
운 중생도 있었구나." 한 것과, 나중에 어떤 노숙이 어떤 선승에게
"숲속의 소리가 무슨 소리인가?"라고 물으니 선승이 대답하기를
"비둘기 소리입니다." 하니 그 노숙이 "무간지옥의 업을 부르지 않
으려면 여래의 바른 법을 비방치 말라." 한 것을 들고 말하였다.

이 두 노숙은 사람을 죽일 줄만 알았고, 사람을 살릴 줄은 몰랐구
나. 그러나 바람결을 보아 돛을 다느니라.

大岳 上堂擧此話至 迷己逐物 異日復問一僧 門外是什麽物聲 僧云
蛇咬蝦蟆聲 淸云 將謂衆生苦 更有苦衆生 後來有老宿問僧 林內是什
麽物聲 僧云 鳩鴿聲 老宿 云 欲得不招無間業 莫謗如來正法輪 師云
此二尊宿 祇會殺人 不會活人 雖然如此 看風使帆

꙰ 백운병 선사가 상당하여 이 칙을 들고 말하였다.

경청 화상이 비록 잘 놓고 잘 거두었으나 자세히 점검하건대 칼
날을 잡아 손을 상하는 꼴을 면치 못했다. 무슨 까닭인가?
  몸에서 나오고 체득함에서 벗어났다는 견해를 굴리면, 더욱 자기
를 잃는 것일세.
  금으로는 금을 바꿀 수 없고, 물로는 물을 씻을 수 없기 때문이니
라. 설사 망정이 다하고 소견이 없다고 할지라도, 입술이 붙고 이
가 달려 있는 격임을 면치 못하리라.

  白雲昺 上堂擧此話云 鏡淸和尙 雖則能放能收 檢點將來 未免犯鋒
傷手 何故 出身脫體 轉見迷己 金不博金 水不洗水 直饒情盡見除 未
免粘脣掛齒

대원 문재현은 이 칙을 모두 들고나서 이르노라.

소리를 관하게 하는 방편에는 능했으나 몸을 상하고 재산을 잃었으니 어쩌랴.

봄에는 앞동산에 꽃이 피고
여름에는 녹음이 짙더니만
겨울 되니 눈꽃이 만발하네

1120칙 뱀이 개구리를 무는 소리

 본 칙

경청 선사가 어떤 선승에게 물었다.

"문 밖에 무슨 소리인가?"

선승이 대답하였다.

"뱀이 개구리를 무는 소리입니다."

경청 선사가 말하였다.

"중생이 괴롭다고 여겼더니, 더 괴로운 중생도 있었구나."

鏡淸 問僧 門外是什麼聲 云 蛇咬蝦蟆聲 師云 將謂衆生苦 更有苦
衆生

∽ 숭승공 선사 송

뱀이 개구리를 먹는 소리라 함에
더 괴로운 중생도 있다 함이여
벽 위에 비파소리 끊겼는데
세상에서는 부질없이 문장으로 다툰다
장안은 심히 소란스러우나
우리나라는 원래가 태평하다
누가 믿을꼬? 밖의 원숭이 울음소리가
다시 뒤쫓아 놓아 보내는 공(功) 있음을…

崇勝珙 頌
蛇咬蝦蟆聲
更有苦衆生
壁上斷琵琶
世間競閑筆
長安甚喧鬧
我國自昇平
誰信猿啼外
更有靈蹤名

∽ 진정문 선사가 상당하여 이 칙을 들고, 이어 어떤 고덕이 어떤 선승에게 "무슨 소리인가?"라고 물으니, 선승이 대답하기를 "파초 위에 빗방울 소리입니다." 하니, 고덕이 "여래의 바른 법을 비방하지 말라." 한 것을 들고 말하였다.

　일전어[31]가 가히 국가를 안정시키니, 임금은 성스럽고 신하는 현명함이요, 일전어에 나라가 청정하니, 재주 있는 사람이 귀하고, 집이 넉넉하니, 아이들이 교만하니라.
　만약 가려낸다면 그대는 십자 네거리에서 한 톨의 쌀도 모음 없고 한 줄기의 채소도 심음 없이 오가는 참 선지식을 대접할 수 있겠거니와, 만일 가려내지 못한다면 기름때 절은 모자와 냄새 찌들은 베 적삼으로 부질없이 이렇게 동쪽 서쪽으로 오락가락하리라.
　악!

　眞淨文 上堂擧此話 連擧古德 問僧曰 是什麽聲 曰雨滴芭蕉聲 德曰莫謗如來正法輪 師云 有一轉語 可以安邦定國 主聖臣賢 有一轉語國淸才子貴 家富小兒嬌 若辨得出 許你於十字街頭 不蓄一粒米 不種一莖菜 接待往來眞善知識 若辨不出 炙脂帽子 鶻臭布衫 但伊麽東過西過 喝一喝

---

31) 일전어(一轉語) : 깨달음의 경지에서 한마디 이르는 말.

대원 문재현은 이 칙을 모두 들고나서 이르노라.

옳기는 심히 옳으나 눈 위에 서리를 더함일세.
(세 번 껄껄 웃으며 방으로 돌아가다.)

1121칙 새해 첫머리에도 불법이 있습니까

본 칙

경청 선사에게 어떤 선승이 물었다.

"새해 첫머리에도 불법이 있습니까?"

경청 선사가 답하였다.

"있느니라."

선승이 다시 물었다.

"어떤 것이 새해 첫머리의 불법입니까?"

경청 선사가 답하였다.

"새해 복 많이 받아라."[32]

이에 선승이 말하였다.

"화상께서 대답해 주신 데에 감사합니다."

경청 선사가 말하였다.

"경청이 오늘 이문 없는 짓을 했구나."

또 어떤 선승이 명교 선사에게 물었다.

"새해 첫머리에도 불법이 있습니까?"

---

32) 원문의 원정(元正)은 새해 복 많이 받으라는 인삿말이다.

명교 선사가 답하였다.

"없느니라."

선승이 다시 물었다.

"해마다 좋은 해요, 날마다 좋은 날이거늘 어째서 없다 하십니까?"

명교 선사가 답하였다.

"장씨 노인이 술을 마시는데 이씨 노인이 취한다."

선승이 말하였다.

"여유만만하시더니, 용 머리에 뱀 꼬리가 되었군요."

명교 선사가 말하였다.

"명교가 오늘 이문 없는 짓을 했구나."

鏡淸 因僧問 新年頭 還有佛法也無 師云 有 僧云 如何是新年頭佛法 師云 元正啓祚 僧云 謝師答話 師云 鏡淸 今日 失利 又僧問 明敎 新年頭 還有佛法也無 敎云 無 僧云 年年是好年 日日是好日 爲什麼却無 敎云 張翁喫酒李翁醉 僧云 老老大大 龍頭蛇尾 敎云 明敎 今日失利

∽ 장산근 선사 송

평온하고 그윽한 경지에서
신통 유희한다
새해의 불법이
있다 하건 없다 하건 모두가 이문 없는 짓이다
한결같이 허공과 같거늘
어찌 콧구멍을 세움인들 용납되리
풀 위의 바람같이, 조사의 법령 시행함이여
우레가 멈춘 뒤에도 멎지 않은 소리를 누가 아는고?

蔣山勤 頌
穩密田地
神通遊戲
佛法新年頭
有無俱失利
一槩等虛空
豈容立巴鼻
草上之風祖令行
誰知雷罷不停聲

Ꮔ 심문분 선사 송

칠보의 보배잔에 포도주를 따르고
금화지³³⁾ 위에다 청평사³⁴⁾를 쓰노라
봄바람 고요한 집에서 보는 사람 없지만
한가한 군왕은 옥피리를 부누나

心聞賁 頌
七寶盃酌葡萄酒
金華紙寫清平詞
春風靜院無人見
閑把君王玉笛吹

---

33) 금화지(金華紙) : 가장 좋은 종이.
34) 청평사(淸平詞) : 이태백이 쓴 시.

◩ 황룡남 선사가 상당하여 이 칙을 들고 말하였다.

경청의 손해는 묻지 않겠거니와 여러분은 어떻게 명교의 손해를
밝히겠는가? 만일 누군가가 판별해 내겠는가?

문수의 머리는 희고, 보현의 머리는 검으니라.

만일 판별해내지 못한다면 황벽[35]이 오늘 이문 없는 짓을 했구나.

黃龍南 上堂擧此話云 鏡淸失利 卽不問 你諸人 作麼生是明敎失利
處 若人 辨得 文殊頭白 普賢頭黑 若辨不得 黃蘗 今日失利

---

35) 황룡의 오기(誤記)인 듯하다.

∽ 지해청 선사가 상당하여 이 칙을 들고 말하였다.

선덕들이여, 은하수는 비록 함께 할지라도 섬은 끝내 나누어지고, 구름과 달은 같으나 개울과 산은 각각 다르다. 알겠는가?
경청이 수놓은 주머니를 바람결에 여니, 맑은 향기가 멀리 사람의 코를 찌르고, 원명이 물거울〔水鏡〕을 장대 끝에 걸어두니, 찬 빛이 그윽하고 고요하게 햇빛을 쏜다.

智海淸 上堂擧此話云 諸禪德 星河 雖共 島嶼 終分 雲月 是同 溪山 各異 還知麼 鏡淸 剖繡囊於風上 淸香 遠遠撲人 圓明 標水鏡於竿頭 寒光 微微射日

⌒ 조계명 선사가 설날 아침에 상당하여 이 칙을 들고 말하였다.

이 두 존숙의 견처가 치우치고 고루해서 없다 하고 있다 하였지만 어째서 한마디로 잘라 말해서 그들로 하여금 쉬고 쉬게 하지 못했을까? 홀연히 어떤 이가 나서서 적조에게 "새해 첫머리에도 불법이 있습니까?"라고 묻는다면 주장자를 들어 등줄기를 후려 때리리라. 만일 가죽 밑에 피가 흐르는 놈이라면 반드시 산승의 사람을 위하는 방법이 옳다고 하리라. 지금에라도 생명을 아끼지 않는 납자는 없는가? 나와서 물어보라.

(잠잠히 있다가 껄껄 웃고)

풀섶을 치는 것은 다만 뱀을 놀라게 하려는 것뿐이다.

曹溪明 歲旦上堂擧此話云 此二尊宿 見處 偏枯 說無道有 何不爲他一言道斷 令他休去歇去 忽有箇漢 出來 問寂照 新年頭 還有佛法也無 拈柱杖劈脊便棒 若是皮下有血漢 須道山僧爲人諦當 而今 莫有不惜身命底衲僧麼 試出來問看 良久呵呵大笑云 打草 只要驚蛇

◌ 장산근 선사가 이 칙을 들고 말하였다.

경청은 있다는 말로 이문이 없었고, 명교는 없다는 말로 이문이 없었으니, 말해보라. 잘못이 어디에 있는가? 만일 밝힌다면 나아가고 물러설 줄을 알아 허물을 쉬었다 해도 무방하리니, 한마디에 몸을 나누는 뜻과 몸을 빼내는 길이 있음을 비로소 알리라.

숭녕은 오늘 누군가가 "새해 첫머리에도 불법이 있습니까?"라고 묻는다면 그에게 "둘째 머리에도 없느니라." 하고 그가 "어째서 그렇습니까?" 하면 "숭녕이 오늘 이문이 없는 짓을 했구나." 하리라.

말해보라. 옛 사람의 말과 같은가, 다른가?

蔣山勤 拈 鏡淸 道有也失利 明教 道無也失利 且道 譊訛 在什麽處 若明得去 不妨識進退別休咎 始知一句下 有分身之意 亦有出身之路 今日 崇寧 或有人 問 新年頭 還有佛法也無 對他道 不在這兩頭 他 或道 爲什麽如此 崇寧 今日 失利 且道 與古人 是同 是別

◌ 운문고 선사가 불자를 잡고 이 칙을 들고 말하였다.

 이 두 존숙이 한 사람은 높고 높은 봉우리 정상에 섰으나 정수리도 드러냄이 없었고, 한 사람은 깊고 깊은 바다 밑을 다니나 발도 젖지 않았으니, 옳기는 옳으나 약간의 잘못됨은 면하지 못했다.
 오늘 저녁에 누군가가 나 고(杲) 상좌에게 "새해 첫머리에도 불법이 있습니까?"라고 묻는다면 그에게 "오늘 한 떼거리의 하인놈들이 찻방 안에서 유행가와 춤으로 귀신을 놀려서 점흥존자의 악심을 발하게 하였구나. 발우봉을 들어 한 번 던져서 항하사세계 밖으로 던져버리니, 교진여가 놀라서 허겁지겁 노주(露柱)를 거꾸로 타고 외고집 선객[擔板禪和]의 콧구멍으로 뛰어들고, 서주의 천주봉을 쳐서 넘어뜨리니, 안락산신(安樂山神)이 참을 수 없어서 뛰쳐나와 멱살을 잡고 말하기를 '존자는 이미 아라한이라 불리우니 삼계 이십오유의 진로를 벗어났고, 생사를 초월했거늘 어째서 아직도 허다한 무명이 있습니까?' 하거늘 그 한 질문에 치욕을 이기지 못하여 다시 불전으로 돌아와 셋째 자리에 앉아, 여전히 가슴을 두드리고, 갈비뼈를 두드리면서 천상천하 유아독존을 외친다." 하리라.
 (이어 스스로에게 말하기를)
 그만두라. 고 상좌야, 새해 첫머리의 불법을 물었거늘 어째서 한결같이 허공에서 곤두박질을 치면서 헛소리로 사람을 속이는가?
 (말없이 보이고)

고 상좌가 오늘 이문 없는 짓을 했구나.

雲門杲 秉拂擧此話云 二尊宿 一人 向高高峯頂立 不露頂 一人 向
深深海底行 不濕脚 是則也是 未免有些誵訛 今夜 或有人 問杲上座
新年頭 還有佛法也無 只向他道 今日一隊奴僕 在茶堂裏 村歌杜舞
弄些神鬼 直得點胸尊者惡發 把鉢盂峯一擲 擲過恒河沙世界之外 驚
得憍陳如 怕怖悼惶 倒騎露柱 跳入擔板禪和鼻孔裏 撞倒舒州天柱峯
安樂山神 忍俊不禁 出來攔胸搊住云 尊者 你旣稱阿羅漢 出三界二十
五有塵勞 超分段生死 因什麽有許多無明 被者一問 不勝懷懼 却廻佛
殿裏第三位打坐 依舊點胸點肋道 天上天下唯我獨尊 自云 住住 杲上
座 他問新年頭佛法 爲什麽 一向虛空裏打筋斗 說脫空謾人 良久云
杲上座今夜失利

⌒ 목암충 선사가 이 칙을 들고 말하였다.

경청은 가위 의기 있는 데 의기를 더하고 풍류랄 곳 없는 데서 풍류를 즐긴다 하리라. 그러나 점검해 보건대 한바탕 새는 것을 면하지 못했다.

누군가가 목암에게 "어떤 것이 새해 첫머리의 불법입니까?"라고 묻는다면 다만 그에게 "새해 복 많이 받거라. 만물이 모두 새롭도다."[36] 하리라.

牧庵忠 拈 鏡淸 可謂有意氣時添意氣 不風流處也風流 然雖如是 檢點將來 未免一場滲漏 或有人 問 牧庵 如何是新年頭佛法 但向伊道 元正啓祚 萬物咸新

---

36) 원문에 '원정계조 만물함신(元正啓祚 萬物咸新)'이라고 되어 있는데, 이는 새해에 복을 빌어주는 인삿말이다.

대원 문재현은 이 칙을 모두 들고나서 이르노라.

만약 어떤 이가 내게 "새해 첫머리에도 불법이 있습니까?" 묻는다면 "있고, 없음이면 불법이겠느냐." 했으리라.
험.

(또 법문 때 이 칙을 들고 이르기를)
만일 어떤 이가 내게 이같은 질문을 했다면 "방에 들 때 문이 벌써 일렀거늘 듣지 못했느냐?" 했을 것이다.
험.

1122칙 줄탁[37]

 본 칙

경청 선사에게 어떤 선승이 물었다.

"학인이 속에서 쪼니, 화상께서 겉에서 쪼아 주십시오."

경청 선사가 도리어 물었다.

"살아 있는가?"

선승이 대답하였다.

"만약 살아있지 않다고 하면 남의 웃음거리가 될 것입니다."

경청 선사가 말하였다.

"역시 풀 속의 사내로구나."

鏡淸 因僧問 學人啐請師啄 師云 還得活也無 僧云 若不活 遭人怪
笑 師云 也是草裏漢

---

37) 줄탁(啐啄) : 이는 병아리가 알에서 부화할 때 안에서 쪼고, 암탉이 밖에서 쪼는 것
을 말한다.

∽ 설두현 선사 송

옛 부처의 가풍이 있음에
마주하여 드날리려 하다가 깎아내림 당했네
자식과 어미가 서로 모르니
누가 동시에 쫀단 말인가
깨달았다 하면 여전히 껍질이어서 다시 맞아야 하니
천하의 납자들 헛된 이름 뿐일세

雪竇顯 頌
古佛有家風
對揚遭貶剝
子母不相知
是誰同啐啄
覺猶在殼重遭撲
天下衲僧徒名邈

∽ 설두현 선사가 다시 이 칙을 들고 말하였다.

납승에게 이런 기특한 일이 있어서 한 사람의 반이라도 함께 보아 바르게 펴면, 옛 성인들이 한 차례 오신 것이 헛되지 않으리라.

又拈 衲僧 有此奇特事 若一人半介 互相平展 古聖 也不虛出來一廻

◌ 법진일 선사가 이 칙을 들고 말하였다.

그 선승이 이미 살아 있다면 경청은 어째서 풀 속의 사내라 했겠는가? 만일 바야흐로 거울처럼 비춰보는 안목을 알지 못했다면 그 선승과 함께 굴욕을 받았을 것이다. 알겠는가?
큰 그릇을 원만히 이루고자 한다면 모름지기 이 작가의 화로와 풀무라야 하느니라.

法眞一 拈 者僧旣是得活 鏡淸 因什麼道也 是草裏漢 若無知方眼鑒者僧 還同受屈 要會麼 欲令大器圓成 須是作家爐鞴

대원 문재현은 이 칙을 모두 들고나서 이르노라.

 엄지를 세워 들고 "나와 동시에 쪼았으면 일러보라." 했어야 했다.

 여러분이라면 무어라 대답하겠는가?

1123칙 요즘 어디서 떠났는가

 본 칙

경청 선사가 어떤 선승에게 물었다.

"요즘 어디서 떠났는가?"

선승이 대답하였다.

"삼봉에서 떠났습니다."

경청 선사가 다시 물었다.

"여름은 어디서 지냈는가?"

선승이 대답하였다.

"오봉에서 지냈습니다."

경청 선사가 말하였다.

"그대에게 서른 방망이를 때리리라."

선승이 다시 물었다.

"저의 허물이 어디에 있습니까?"

경청 선사가 답하였다.

"그대가 한 총림에서 나와서 다른 한 총림에 들었기 때문이니라."

鏡淸 問僧 近離甚處 僧云 三峯 師云 夏在甚處 僧云 五峯 師云 放
汝三十棒 僧云 某甲過在甚處 師云 爲你出一叢林 入一叢林

◌ 장산전 선사 송

한 총림에서 나와서
다른 총림에 들었기 때문이라 함이여
삼봉에는 물이 급하고
오로봉에 구름이 깊도다
등칟 주장자로 때린 것은 딴 뜻이 아니니
좋은 놋쇠라도 순금과는 바꿀 수 없다는 것을 보인 걸세

蔣山泉 頌
出一叢林
入一叢林
三峯水急
五老雲深
山藤放過無他意
向道眞鍮不換金

∽ 낭야각 선사가 이 칙을 들고 말하였다.

채소 베는 낫이로다.

瑯琊覺 拈 割菜鎌子

∞ 묘지곽 선사가 상당하여 이 칙을 들고 말하였다.

경청의 낙처(落處)를 알겠는가? 바다가 마르면 마침내 바닥을 보거니와, 사람은 죽어도 마음을 알 수 없느니라.

妙智廓 上堂擧此話云 還知鏡清落處麼 海枯終見底 人死不知心

⌘ 공수 화상이 상당하여 이 칙을 들고, 이어 낭야 선사가 이 칙을 들어 말한 것을 들고 말하였다.

하하하! 낭야 노인이 지난 일이 많아서 순덕(경청)과 손을 맞잡고 같이 다니니, 사용하려면 곧 사용한다. 마치 하늘을 덮는 그물[38]과 같아서 날아다니는 신령한 새의 무리마저 도망칠 길이 없게 되었구나.

무슨 까닭인가? 그대들이 한 총림에서 나와서 다른 한 총림에 들었기 때문이니라.

空叟和尙 上堂擧此話 連擧瑯琊拈 師云 阿呵呵瑯琊老人 經事多矣 與順德 把手共行 要用便用 如縵天網子 直得靈禽羽族 逃生無路 何故 爲你出一叢林 入一叢林

---

38) 하늘을 덮는 그물 : 원문에 만천망(縵天網)이라고 되어 있는데, 하늘을 덮는 큰 망으로 한 사람도 달아나지 못하게 하는 것이다. 선림에서는 스승이 학인을 받아서 교화할 때 밀밀하게 주도하는 것을 말한다. 장만천망(張幔天網)이라고도 한다.

대원 문재현은 이 칙을 모두 듣고나서 이르노라.

대원은 요즈음 삼봉에서 오봉 시자와 즐긴다 하리라.
험.

1124칙 석교(石橋)

경청 선사가 어떤 선승에게 물었다.

"요즘 어디서 떠났는가?"

선승이 대답하였다.

"석교에서 떠났습니다."

경청 선사가 다시 물었다.

"본분의 일은 어떠한가?"

선승이 말하였다.

"저는 요즘 석교에서 떠났습니다."

경청 선사가 다시 말하였다.

"나는 그대의 석교는 관계치 않는다. 본분의 일은 어떠한가?"

선승이 말하였다.

"화상은 어째서 말을 알아듣지도 못하십니까?"

경청 선사가 때렸다.

선승이 말하였다.

"저는 말했습니다."

경청 선사가 말하였다.

"그대는 방망이나 맞아라. 나는 이야기가 퍼지기만을 바랄 뿐이
다."

鏡淸 問僧 近離甚處 云 石橋 師云 本分事 作麼生 云 某甲 近離石
橋 師云 我不管你石橋 本分事 作麼生 云 和尙 何不領話 師便打 僧
云 某甲 話在 師云 你但喫棒 我要話行

∽ 설두현 선사가 이 칙을 들고 말하였다.

　이러한 즉 기세에 의해 사람을 속인 것이다. 그러나 일은 혼자 일어나지 않는 것이야 어쩌랴. 그 선승이 만일 처음을 삼가고, 마지막을 보호했더라면 방망이는 경청 자신이 맞았어야 했다.

　雪竇顯 拈 然則倚勢欺人 奈緣事不孤起 者僧 若能愼初護末 棒則須是鏡淸自喫

대원 문재현은 이 칙을 모두 듣고나서 이르노라.

요즈음 묘봉에서 즐기기에 여념이 없다 했어야 구구한 일이 없었
다.
험.

1125칙 현사가 말한 것

🪷 본 칙

경청 선사가 승당 앞에서 손수 종을 치면서 말하였다.

"현사가 말한 것이로다. 현사가 말한 것이로다."

어떤 선승이 나와서 물었다.

"현사 선사님이 무엇이라 하셨습니까?"

경청 선사가 일원상을 그려 보이니 선승이 말하였다.

"오랫동안 참구한 사람이 아니라면 어떻게 그런 것을 알겠습니까?"

경청 선사가 말하였다.

"나에게 짚신 값을 돌려달라."

鏡清 於僧堂前 自擊鐘子云 玄沙道底 玄沙道底 時有僧 出來云 玄沙道什麼 師乃作一圓相 僧云 若不久參 爭知伊麼 師云 還我草鞋錢來

∽ 열재 거사 송

현사가 말한 것을 아는 이 없구나
허공을 잡아내어 산산이 부순다
신을 신은 돌아가씨 푸른 물결 희롱하고
모자 쓴 원숭이가 큰 무리를 쫓는다

悅齋居士 頌
玄沙道底無人會
拈出虛空百雜碎
着靴石女弄淸波
裹帽胡孫趂大隊

ᘒ 설두현 선사가 이 칙을 들고 말하였다.

하마터면 채주(蔡州)를 쳐부숨 당하는 꼴이 될 뻔하였구나.[39]

雪竇顯 拈 泊被打破蔡州

---

39) 채주(蔡州)는 많은 전쟁이 일어난 곳이다. 채주 싸움에 져서 금나라가 망했다.

대원 문재현은 이 칙을 모두 들고나서 이르노라.

"현사 선사님이 무엇이라 하셨습니까?" 할 때 "흙덩이를 쫓는 개의 뒤를 이은 자로구나." 했더라면 구구하지 않았을 것을….

험.

1126칙 뱀장어를 보았는가

 본 칙

경청 선사가 어떤 선승에게 물었다.

"어디서 오는가?"

선승이 대답하였다.

"응천사에서 옵니다."

경청 선사가 다시 물었다.

"뱀장어를 보았는가?"

선승이 대답하였다.

"보지 못했습니다."

경청 선사가 다시 물었다.

"그대가 뱀장어를 보지 못했는가, 뱀장어가 그대를 보지 못했는가?"

선승이 대답하였다.

"그런 것 모두가 아닙니다."

경청 선사가 말하였다.

"그대는 첫머리는 삼갈 줄 알더니, 마지막은 지킬 줄 모르는구나."

鏡淸　問僧　甚麽處來　僧云　應天來　師云　還見鰻鰲魚麽　僧云　不見
師云　闍梨不見鰻鰲魚　鰻鰲魚　不見闍梨　僧云　惣不伊麽　師云　闍梨
祇解愼初　不能護末

∾ 대홍은 선사가 이 칙을 들고 말하였다.

맛 좋은 먹이도 탐내지 않으니, 바로 응천의 고기로다. 그 선승이 거의 용이 되려다 다시 이마를 부딪쳤구나.

大洪恩 拈 不貪芳餌味 方是應天魚 這僧 幾且成龍 還遭點額

대원 문재현은 이 칙을 모두 들고나서 이르노라.

"뱀장어를 보았는가?" 할 때 경청 선사의 복부를 한 대 먹이면서
"잘 보십시오." 했어야 했다.

험.

험.

1127칙 행각하는 큰 일을 지시해 주십시오

 본 칙

경청 선사가 영운 선사에게 물었다.

"행각하는 큰 일을 지시해 주십시오."

영운 선사가 말하였다.

"절중(절강성 지방)의 쌀값이 어떤가?"

경청 선사가 말하였다.

"만일 제가 아니었다면 쌀값이란 견해를 지었을 것입니다."

鏡淸 問靈雲 行脚事大乞師指南 雲云 淛中光作麽價 師云 若不是某
甲 洎作米價會

⌒ 대위수 선사가 말하였다.

경청이 작자란 소문은 이미 들었거니와 과연 예삿 분이 아니로다. 이미 쌀값이란 견해를 짓지 않을 줄 알았으니, 반드시 바른 방향을 깊이 깨달았으리라. 영운은 다만 풀어놓을 줄만 알았고, 거두어들이지는 못했다.

"만일 제가 아니었다면 쌀값이란 견해를 지었을 것입니다." 한 것은 또 어떻게 생각하는고? 그를 인하여 행각의 일을 말해 깨닫게 하였으니 뒷사람들에게 길이 되고 법이 되리라.

大潙秀 云 曾聞鏡淸作者 果然不類凡常 旣知不作米價會 必然深悟指南 靈雲 只解放去 不能收之 若不是某甲 泊作米價會 你又別作麼生會 從伊說得行脚事 且與後人爲軌爲範

대원 문재현은 이 칙을 모두 들고나서 이르노라.

이런 경지를 두고 말들 하기를 한 이불 속 사람 같다 했던가. 그러나 철저하지는 못했다.

"만일 제가 아니었다면 쌀값이란 견해를 지었을 것입니다." 할 때 영운 선사는 "그런 말도 있었더냐?" 하며 할을 했어야 했다.

1128칙 취암의 눈썹이 있는가

 본 칙

명주 취암 영참 선사가 여름이 끝나는 날, 대중에게 보이고 말하였다.

"한여름 이래 형제들을 위하여 이야기를 해주었으니 보라. 취암의 눈썹이 있는가?"

보복 선사가 말하였다.

"도적질을 한 사람의 마음이 찔렸구나."

장경 선사가 말하였다.

"났다."

운문 선사가 말하였다.

"관(關)."

(법진일 선사가 말하였다.

"특별하게 아끼던 것에서 취하는 것이 좋다.")

明州翠嵓 令參禪師 夏末 示衆云 一夏已來 爲兄弟說話 看 翠嵓眉毛
在麼 保福云 作賊人心虛 長慶云 生也 雲門云 關 (法眞一 別 惜取好)

◌ 설두현 선사 송

취암이 대중에게 보임
천고에 대할 이 없으나
관이란 말로 대답함에
돈 잃고 벌받은 격 되었네
늙은 보복은
칭찬했다, 깎아내렸다 하기 어렵네
잔소리 많았던 취암이
분명 이 도적이긴 하나
백옥처럼 티 없거늘
뉘라서 참이니 거짓이니 가리랴
장경의 정통함이여
눈썹이 났다 했네

雪竇顯 頌
翠嵓示徒
千古無對
關字相酬
失錢遭罪

潦倒保福

抑揚難得

嘮嘮翠嵓

分明是賊

白珪無玷

誰辨眞假

長慶相諳

眉毛生也

∽ 해인신 선사 송

보배광에 사람없어 오래 열지 않다가
홀연히 내놓으니 모두가 의심하네
몇 사람의 장사꾼이 값을 치기는 했으나
흥정이 이뤄지지 않아 그대로 돌아감이랄까…

海印信 頌
寶藏無人久不開
忽然摠出盡疑猜
幾人商旅來酬價
交易不成空自廻

∽ 정엄수 선사 송

청산은 높고 높고
푸른 물은 도도하다
콧구멍이 꿰였고
눈썹 몽땅 떨어졌다

淨嚴邃 頌
靑山岌岌
淥水滔滔
穿過鼻孔
落盡眉毛

천동각 선사 송

도적질한 이의 마음이 예삿 사람의 담력을 초월했고
기틀에 감응한 대답이 역력히 자재했다 하나
보복과 운문이여
늘어진 코와 보기 흉한 입술이요
취암과 장경이여
긴 눈썹, 눈을 덮음일세
깨닫지 못한 납자에만 어찌 한정하랴
억지로 말한 뜻과 구절을 일제히 베어버리게
자기를 묻어버림이 되니
숨을 죽여 소리를 삼킬진저
윗대의 종지에 묶인다면
담을 대하듯 꽉 막힌 이일세

天童覺 頌
作賊心過人膽
歷歷縱橫對機感
保福雲門也
垂鼻欺唇

翠嵒長慶也

修眉映眼

杜禪和有何限

剛道意句一齊刻

埋沒自己也

飲氣吞聲

帶累先宗也

面墻擔板

⌒ 취암지 선사가 이 칙을 들고 말하였다.

대중을 위해 힘을 다했으나 재앙은 자기 집 문 안에서 났구나.

翠嵒芝 拈 爲衆竭力 禍出私門

∽ 취암지 선사가 다시 상당하여 이 칙에서 "도적질을 한 사람의 마음이 찔렸구나." 한 것까지 들고 말하였다.

어째서 그러한가? 소 한 마리를 얻었으니 말 한 마리로 갚음일세.[40]

又上堂舉此話至 作賊人心虛 師云 何故如是 得人一牛 還人一馬

---

[40] 원문에 '득인일우 환인일마(得人一牛 還人一馬)'라고 되어 있는데, 이는 더 크게 갚는다는 뜻이다.

∽ 장로색 선사가 이 칙에서 "취암의 눈썹이 있는가?" 한 것까지 들고 말하였다.

여러분이여, 취암 선사는 납자들의 입을 막을 줄 모르는구나. 그러므로 운문 선사가 관(關)자로써 응수했다. 만일 산승이라면 그렇게 하지 않으리니, 한여름 동안 형제들에게 이야기를 해 주었는데 알아들은 이가 있는가?

만일 알았다면 산승이 여러분을 저버린 것이요, 만일 알지 못했다면 여러분이 산승을 저버린 것이다. 어찌해야 저버리지 않겠는가?

(말없이 보이고)

도적이 지나간 뒤에 활을 당기는구나.

長蘆賾 擧此話至 看翠嵓眉毛在麽 師云 諸仁者 翠嵓 不解塞斷衲僧口 是故 雲門 以關字 相酬 若是山僧 則不然 一夏已來 爲諸兄弟說話 還有人會麽 若也會去 山僧 辜負諸人 若也不會 諸人 辜負山僧 如何得不相辜負去 良久云 賊過後張弓

❀ 황룡신 선사가 상당하여 이 칙을 들고 말하였다.

　도적질을 했다고 한 보복 선사는 칼을 쓰고 소송 문서를 넘김이
요, '났다'고 한 장경 선사는 진(眞)을 미혹하여 망(妄)을 따름이며,
'관'이라 하여 굳게 지킨 운문 선사는 가을 강에 달이 밝음이요, 늙
은 취암 선사는 눈썹이 눈 위에 있음일세.

　黃龍新 上堂擧此話云 作賊保福 擔枷過狀 生也長慶 迷眞逐妄 掩關
雲門 秋江月亮 潦倒翠嵓 眉在眼上

～ 취암종 선사가 이 칙을 들고 말하였다.

온누리가 온통 취암 선사의 외눈이거늘, 다시 무슨 눈썹이 있다 없다를 이야기하라. 그리하여 제방의 존숙들이 기량을 다하여도 그의 함정[41]을 벗어나지 못한다.

그러므로 보복 선사가 "도적질을 한 사람의 마음이 찔렸구나." 하였으니, 이는 저 기틀의 경지에 오름이요, 운문 선사가 "관(關)."이라 하니, 마치 꿈 속에 힘을 겨루는 격이요, 장경 선사가 "났다." 하니, 과연 취암의 말에 따라 풀이를 한 격이다. 그렇다면 종 상좌는 어찌하는가?

(불자로 일원상을 그리고)

바다와 산의 일 없는 나그네에게 분부하니, 자라를 낚는 순간, 꽉 잡아라.

翠嵒宗 拈 盡大地 是翠嵒一隻眼 更說甚眉毛在不在 直得諸方尊宿 做盡伎倆 出他圈繢不得 所以 保福 云 作賊人心虛 正是上他機境 雲門 云 關 大似夢裏爭力 長慶 云生也 果然隨語生解 只如宗上座 又 作麼生 以拂子 畵一圓相云 分付海山無事客 釣鼇時下一拳攣

---

41) 원문에 권궤(圈繢)라고 되어 있다. 이는 함정, 속박, 격식, 규칙 등으로 새겨지는데, 선문에서는 스승이 언어와 동작으로 시험하여 학인을 제접하는 격식과 방편을 말한다.

～ 장산근 선사가 이 칙에서 "취암의 눈썹이 있는가?" 한 것까지 들고 말하였다.

헤아리는 사람은 기본적으로 매사에 결단치 못하고 기회를 잃으리라. 취암 선사는 천하 사람의 혀끝에 앉아서 물리치니 쪼을 곳이 없게 하였고, 장경 선사는 "났다." 하니, 일을 인하여 지혜가 자람이요, 보복 선사는 "도적질을 한 사람의 마음이 찔렸구나." 하니 분명하고도 면밀한 것이다. 운문 선사는 "관(關)."이라 하였으니, 법조문에 의거하여 단안을 내렸다.

비록 종사가 앞다퉈 대답했으나 취암 선사의 발꿈치를 끊은 이가 있는가? 예전 사람의 발자국을 밟지 말고 대답해보라.

蔣山勤 擧此話至 看翠嵓眉毛在麽 師云 輪機是箅人之本 翠嵓 坐却天下人舌頭 無㖒啄處 長慶云 生也 因事長智 保福云 作賊人心虛 是精識精 雲門云 關 據款結案 雖宗師 競酬 還截得翠嵓脚跟麽 不躡前蹤 試請道看

㉠ 영봉고 선사가 이 칙을 들고, 이어 설두 선사의 송을 들고 말하였다.

보라. 설두 선사의 송은 보복 선사만을 긍정하고 운문 선사는 긍정치 않았다. 만일 영봉의 견해에 의하건대 일시에 긍정치 않으리니 어째서 그런가?

한왕(漢王)은 도(道)가 있었으나 도 없는 이가 되었고, 범려는 공(功)을 논할 때 공을 가지지 않았느니라.[42]

靈峯古 擧此話 連擧雪竇頌 師云 看 雪竇 頌來獨肯保福 不肯雲門 若據靈峯看來 一時不肯 爲什麼如此 漢王 有道成無道 范蠡 論功却不功

---

42) 유방은 한왕이 되자 같이 나라를 세운 공신들을 모두 죽였다. 범려는 월왕 구천의 모사인데 구천에게 쓸개를 맛보게 하여 오왕 부차에게 복수하게 하였다. 그러나 월왕 구천이 왕위에 오르자 같이 곤란을 겪을 수는 있으나 성공한 뒤에 같이 영화를 누릴 수는 없다며 공을 차지하지 않았다.

∽ 운문고 선사의 문답

운문고 선사가 상당하자, 어떤 선승이 물었다.

"'한여름 동안 형제들과 함께 동을 말하고 서쪽을 이야기하였는데 보라! 취암의 눈썹이 있는가?'라고 한 뜻이 무엇입니까?"

운문고 선사가 말하였다.

"자수(自首)하는 이는 그 죄를 용서하느니라."

선승이 다시 물었다.

"'도적질을 한 사람의 마음이 찔렸구나.'라고 한 뜻은 또 무엇입니까?"

운문고 선사가 답하였다.

"당나귀는 젖은 땅을 골라 오줌을 싸느니라."

선승이 다시 물었다.

"장경 선사가 '났다.' 하고, 운문 선사가 '관(關).'이라 한 것은 또 무슨 뜻입니까?"

운문고 선사가 답하였다.

"부숴진 똥 담는 쓰레받기 하나가 몽당빗자루와 맞섰느니라."

선승이 다시 물었다.

"나중에 어떤 노숙이 '취암 선사는 바람도 없는데 물결을 일으켰다.' 한 것은 무엇을 본 것입니까?"

운문고 선사가 답하였다.

"어째서 보지 못하는가?"

雲門杲 上堂 僧問 一夏與兄弟 東說西話 看翠嵓眉毛在麽 意旨如何
師云 自首者 原其罪 進云 保福 道作賊人心虛 又作麽生 師云 驢揀
濕處尿 進云 長慶 道生也 雲門云 關 又且如何 師云 一箇破糞箕 對
介禿茗箒 進云 後有老宿云翠嵓 無風起浪 作麽生見得 師云 作麽見
不得

♋ 심문분 선사가 이 칙을 들고 말하였다.

　한마디 잘못된 말을 세 곳에서 뒤집었다. 지금의 일이 용상(龍翔)
의 손아귀에 있으니 어떻게 맺고 끊으랴. 사람을 무고한 죄는 더한
죄로 다스리느니라.

　心聞賁　拈　一語誵訛　三處翻案　而今　事在龍翔手裏　且作麽生結絶
誣人之罪　以罪加之

∽ 개암붕 선사가 이 칙을 들고 착어하였다.

뱀 마음에 부처의 입이요, 꿀 속에 비상이 있다.

장경 선사가 "났다." 하니, "불 가까운 곳이 먼저 탄다." 하리라.

보복 선사가 "도적질을 한 사람의 마음이 쩔렸구나." 하니 "말을
하면 곧 마음을 읽을 수 있고 상황을 알면 알려야 한다." 하리라.

운문 선사가 "관(關)."이라 하니 "우(禹)의 힘이 이르지 못하는 곳
에 냇물소리가 서쪽을 향해 흐른다."[43] 하리라.

여러 선덕들이여, 남선(南禪)의 이런 수작이 천하 사람의 혀끝을
무찌를 수 있겠는가? 안목을 갖춘 이는 판단해보라.

介庵朋 擧此話着語云 蛇心佛口 密裏有砒 長慶云 生也 云 近火先
燋 保福云 作賊人心虛 云 知情告首 語是心苗 雲門云 關 云 禹力不
到處 河聲 流向西 諸禪德 南禪伊麽酬酢 還坐得天下人舌頭斷麽 具
眼者斷看

---

43) 우왕은 치수를 할 때 모든 물을 동쪽으로 흐르게 했다.

대원 문재현은 이 칙을 모두 들고나서 이르노라.

배부른 고기들이 밥을 갖고 노니니
낚시꾼 하품으로 날 저물어 가누나
험.

1129칙 화상을 만나려 하거든

 본 칙

취암 선사의 회상에 어떤 선승이 왔다가 선사를 만나지 못하고, 내려가 지사(知事)를 만났더니, 지사가 말하였다.

"화상을 뵈었습니까?"

선승이 대답하였다.

"아니오."

이에 지사가 개를 가리키면서 말하였다.

"상인(上人)이 화상을 만나려 하거든 저 개에게 절을 하시오."

선승이 말이 없었다.

나중에 취암 선사가 돌아와서 듣고 말하였다.

"어찌해야 그렇게 말없이 있는 꼴을 면하겠는가?"

(운문 선사가 대신 말하였다.

"그 스승을 알려면 먼저 그 제자를 보라.")

翠嵓會下 有僧來參 値師不在 乃下看知事 事云 參見和尙也未 僧云

未 事乃指狗子云 上人 要見和尙 但禮拜這狗子 僧 無語 後 師歸得
聞 乃云 作麽生免得伊麽無語 (雲門 代云 欲觀其師先觀弟子)

꙾ 경산고 선사가 이 칙을 들고 말하였다.

그때에 내가 그 선승이었다면 얼른 개에게 절을 한 번 했으리라.

徑山杲 擧此話云 當時 若作這僧 便禮狗子一拜

대원 문재현은 이 칙을 모두 들고나서 이르노라.

험.
"새삼스런 일은 없음만 못하다 했느니라." 했어야 했다.

1130칙 법신(法身)

 본 칙

  태원부 상좌가 양주 효선사에서 열반경을 강의하는데 어떤 선객이 눈[雪]에 막혀 묵으면서 강의하는 것을 듣다가 법신의 묘한 이치를 널리 이야기하는 대목에 이르자 선객이 피시시 웃거늘, 태원부 상좌가 말하였다.

  "나는 글에 의해 뜻을 풀이했는데 비웃으시니, 가르쳐 주시기 바랍니다."

  선객이 말하였다.

  "좌주께서 법신을 모르는 것이 참으로 우습소이다."

  태원부 상좌가 말하였다.

  "어디가 옳지 않습니까?"

  선객이 말하였다.

  "좌주께서 다시 한 차례 설하시기 바랍니다."

  이에 태원부 상좌가 말하였다.

  "법신의 이치는 허공과 같아서 종으로는 삼제[44]를 다하였고, 횡으

---

44) 삼제(三際) : 과거, 현재, 미래.

로는 시방에 걸쳐서 인연 따라 감응하나 나뉨 없이 두루하도다."

선객이 말하였다.

"좌주의 말씀이 옳지 않다는 것이 아닙니다. 다만 법신의 변두리 일을 헤아려 말했을 뿐이요, 진실로 법신을 알지는 못했습니다."

이에 태원부 상좌가 말하였다.

"선덕께서는 나에게 말씀해 주십시오."

선객이 말하였다.

"잠시 강의를 멈추고 방 안에 조용히 앉아서 선과 악의 모든 인연을 일시에 놓아버리십시오."

태원부 상좌가 그의 가르침대로 초저녁부터 오경에 이르기까지 따르다가 고각(鼓角)소리를 듣고 홀연히 깨달았다.

大原孚上座在楊州孝先寺 講涅槃經 有禪者阻雪 聽講 至廣談法身
妙理 禪者失笑 孚曰 某甲 依文解義 適蒙見笑 且望見敎 禪者曰 實
笑座主不識法身 孚曰 何處不是 禪者曰 請座主更說一徧 孚曰 法身
之理 猶若大虛 竪窮三際 橫亙十方 隨緣赴感 靡不周徧 禪者曰 不道
座主說 不是 只說得法身量邊事 實未識法身在 孚曰 請禪德 當爲我
說 禪者曰 暫輟講 於室中 靜慮 善惡諸緣 一時放却 孚依敎 從初夜
至 五更聞皷角聲 忽然契悟

∽ 법진일 선사 송

한 곡조를 단우풍으로 길게 뽑음이여[45]
부공(孚公)이 깨달은 곳, 궁·상(宮商)이로세
지금껏 밤마다 버들에 말 매는 나그네여
헛되이 누각 끝에서 애끊는 소리만을 듣는구나

法眞一 頌
一曲單于風引長
孚公開處是宮商
至今夜夜維楊客
空聽樓頭聲斷腸

---

45) 단우(單于)는 곡조의 이름이다.

대원 문재현은 이 칙을 모두 들고나서 이르노라.

  태원부 상좌가 "나는 글에 의해 뜻을 풀이했는데 비웃으시니, 가르쳐 주시기 바랍니다." 했을 때 "법신은 이 손이 잘 가르쳐 줍니다." 하고 손뼉을 쳤더라면 구구하지 않았을 것을….

1131칙 설봉 선사를 보다

 본 칙

부(孚) 상좌가 설봉 선사에게 참문하러 갔다가 방장실 앞에 이르러 설봉 선사를 보고, 바로 내려와 지사를 만났다.

이튿날, 방장에 들어가서 말하였다.

"어제는 화상께 무례를 범하였습니다."[46]

설봉 선사가 "그런 일인 줄 알고 있노라." 하고 그만두었다.

孚上座 參雪峯 至方丈前顧視雪峯 便下看知事 明日 入方丈曰 昨日 觸忤和尙 峯云 知是般事 便休

---

46) 원문에 촉오(觸忤)라고 되어 있는데 이는 촉노(觸怒)와 같은 말로서, 아랫사람이 윗사람에게 무례를 범하여 노하게 한다는 뜻이다.

◌ 해인신 선사 송

이광 장군은
고금에 대적할 이 없었으니
오랑캐 궁전에 깊이 들어가서도
온전한 몸으로써 위태로움 면함이여
무기를 움직이지 않고도 작은 승리 드러내니
지금껏 국경에 좋은 명성 남았네

海印信 頌
李廣將軍
古今無對
深入虜庭
全身遠害
不動干戈贏小捷
至今邊塞嘉聲在

∾ 법진일 선사 송

설봉이 대중을 모으고 부공(孚公)을 기다리는데
법당에 와서 한 번 동쪽 서쪽을 보았네
다음날 도리어 실례했다 말하니
공안은 원래부터 몇 겹이던가

法眞一 頌
雪峯集衆待孚公
上堂一顧便西東
明日却云曾觸忤
公案從來是幾重

☜ 법진일 선사가 다시 말하였다.

놓아준 것이 아깝도다.

又云 可惜放過

∽ 숭승공 선사 송

당(堂)에 올라 보자마자 몸을 빼냈으니
그런 일로 알았거늘 더할 말이 무엇이랴
비록 직접 보았다 해도 도 있다 이른다면
티끌 속에 또 다시 티끌이 있음일세

崇勝珙 頌
登堂才見便抽身
般事知來何可陳
若謂道存唯目擊
塵埃中更有埃塵

○ 설두현 선사가 이 칙을 들고 말하였다.

천오백 대중의 작가인 종사가 부 상좌에게 한 번 들키자 항복하는 깃발을 높이 들었다. 부 상좌는 이튿날, 방장에 들어가서 "어제는 화상께 무례를 범하였습니다." 하니, 설봉 선사가 "그런 일인 줄 알고 있노라." 하고 그만두었으니, 과연이로다.

어떤 선승이 운문 선사에게 "어떤 것이 무례한 짓을 한 곳입니까?" 하자 운문 선사가 때렸으니, 백천만 대를 때린들 무슨 소용이 있으리오. 온누리의 사람이 모두 방망이를 맞아야 비로소 설봉 선사를 붙들어 일으키리라.

말해보라. 부 상좌가 어떤 안목을 갖추었는가?

雪竇顯 拈 一千五百人作家宗師 被孚老一覷 便高竪降旗 孚至明日 入方丈云 昨日觸忤和尙 峯曰 知是般事 便休 師曰 果然 僧問雲門 作麽生是觸忤處 門 便打 師云 打得百千萬箇 有什麽用處 直須盡大 地人 喫棒 方可扶竪雪峯 且道 大原孚 具什麽眼

⌒ 법진일 선사가 이 칙을 들고 말하였다.

그때에 이십 방망이를 때렸어야 했다. 부 상좌가 이튿날 올라가서 절을 하고 "어제는 화상께 무례를 범하였습니다." 하였으니 두 겹의 공안이요, 설봉 선사가 "그런 일인 줄 알고 있노라." 하고 그만두었으니, 눈 위에 서리를 더하는구나.
어떤 선승이 운문 선사에게 "어떤 것이 화상께 무례한 짓을 한 곳입니까?" 하자 운문 선사가 때렸으니 진짜 도적은 달아났는데 장물을 안은 사람만 때림이로다.

法眞一 拈云 當時 便好與二十柱杖 孚明日却上禮拜云 昨日觸忤和尙 師云 兩重公案 峯云 知是般事便休 師云 雪上加霜 僧問雲門 如何是觸忤和尙處 門 便打 師云 正賊走了 却打抱臟人

∽ 고목성 선사가 상당하여 이 칙을 들고 말하였다.

여러분이여, 설봉 선사는 비록 무기를 쓰지는 않았으나 흡사 양민을 억눌러 상놈이 되게 한 것 같고, 태원부 상좌는 비록 기틀을 따라 변했으나 자기가 독(毒)의 바다에 빠졌음을 알기나 하였던가?
지금 대중에서 그를 구제할 이가 있는가? 만일 없다면 향산이 여러분을 위해 판단해 보이리라.
(말없이 보이고)
관(棺) 하나에 송장이 둘이로다.

枯木成 上堂擧此話云 諸仁者 雪峯 雖則干戈不動 大似壓良爲賤 大原孚上座 然則見機而變 還知自己墮在毒海裏麽 如今衆中 還有救得者麽 若無 香山 爲諸人斷看 良久云 一介棺材 兩介死漢

ᐠ 취암종 선사가 이 칙을 들고, 이어 설두 선사가 이 칙을 들어 말한 것을 들고 말하였다.

설두 선사는 하나만을 알았고, 둘은 알지 못했으니, 설봉 선사가 장막 안에 앉아 헤아려 천 리 밖의 최후의 승부를 정하는 줄은 전혀 몰랐다. 부 상좌는 평생의 견해를 다 바치더라도 겨우 설봉 선사의 함정 속에 있을 뿐이니라.

翠嵒宗 擧此話 連擧雪竇拈云 雪竇只知其一 不知其二 殊不知雪峰和尙 坐籌帷幄 決勝千里 孚上座 呈盡平生見解 只在雪峰圈繢裏

∽ 법운익 선사가 이 칙을 들고 말하였다.

비록 그러하나 설봉 선사는 일을 살피다가 일을 실패로 이끌었으니, 어찌 곁에서 보는 이의 점검을 면하리오.

(설두 선사가 이 칙을 들어 말한 것을 들고 말하기를)

여러분은 합당하게 말할 수 있겠는가? 만일 보자마자 도가 있음을 알았다 해도 마치 진흙을 진흙에 씻는 격이요, 만일 화살촉과 화살촉이 만난 것이라 해도 여전히 서로 무기를 맞대고 있는 것이다. 말해보라. 끝내 어찌 알아야 되는가?

法雲益 拈云 雖然如是 雪峯 省事成失事 爭免傍觀點檢 又擧雪竇拈師云 諸人 還定當得麼 若作目擊道存會 正是泥裏洗泥 若作箭鋒相柱會 猶是干戈相待 且道 畢竟作麼生會

    ◝ 공수 화상이 이 칙을 들고, 이어 설두 선사가 이 칙을 들어 말한 것을 들고 말하였다.

    설두 선사는 외눈을 잃었으니, 부 상좌가 설봉 선사의 한 번 죄를 정함[47]에 다시는 꼼짝도 못했음을 전혀 알지 못했도다.

    空叟和尙 擧此話 連擧雪竇拈 師云 雪竇失却一隻眼 殊不知孚老被雪峰一坐 更轉動不得

---

47) 원문에 일좌(一坐)라고 되어 있는데, 좌(坐)자에 '죄를 정한다'라는 뜻이 있다.

대원 문재현은 이 칙을 모두 들고나서 이르노라.

　무례한 짓을 했다 할 때 설봉 선사는 한 대 때리고 "재차 범한 자에게는 이렇다." 했어야 했다.

1132칙 노승에게 걸려들었구나

 본 칙

부 상좌가 투자 선사를 보러 가니, 투자 선사가 말하였다.
"부 상좌의 소문을 들은 지 오랜데 부 상좌가 아니시오?"
부 상좌가 때리는 시늉을 하니, 투자 선사가 말하였다.
"노승에게 걸려들었구나."[48]
부 상좌가 나가버리니 투자 선사가 말하였다.
"제방의 판단이나 들어보라."
부 상좌가 다시 돌아오니, 투자 선사가 때렸다.
어떤 선승이 이 일을 현사 선사에게 이야기하니, 현사 선사가 말하였다.
"혹 투자가 걸려든 것은 아닌가?"

孚上座 參投子 子云 久嚮孚上座 莫便是麼 孚作掌勢 子云 老僧招得 孚便出去 子云 且聽諸方斷看 孚却廻 子便打 有僧 擧似玄沙 沙云 莫是投子招得麼

---

48) 원문에 초득(招得)이라고 되어 있는데, 이것은 상대방이 자신의 수에 걸렸을 때에 하는 말이다.

ᢙ 법진일 선사가 이 칙을 들고 말하였다.

태원부 상좌는 가위 약은 아이가 제 꾀에 빠졌다 하겠으니, 투자
에게 범과 들소를 사로잡을 기개가 있음을 어찌하랴. 만일 이 한
관문을 통과하면 제방에서 독보적이라 하리라.

法眞一 拈 大原孚上座 可謂是黠兒落節 爭奈投子有生擒虎兕之機
若能透得者一關 便可以諸方獨步

대원 문재현은 이 칙을 모두 들고나서 이르노라.

　때리는 형세를 할 것이 아니라 "언제 같이하지 않았던가요." 하고
웃고 나왔어야 했다.

1133칙 콧구멍이 어디에 있습니까

 본 칙

부 상좌가 고산 선사에게 물었다.
"부모에게서 태어나기 전에는 콧구멍이 어디에 있습니까?"
고산 선사가 말하였다.
"지금 태어난 뒤에는 콧구멍이 어디에 있습니까?"
부 상좌가 긍정치 않고, 도리어 말하였다.
"나에게 물으십시오. 내가 대답해 주리다."
이에 고산 선사가 물었다.
"부모에게서 태어나기 전에는 콧구멍이 어디에 있습니까?"
부 상좌는 다만 부채를 흔들 뿐이었다.

孚上座 問皷山 父母未生時 鼻孔 在甚處 山云 卽今生也 鼻孔 在什
麼處 孚不肯 乃云 你問我 與你答 山云 父母未生時 鼻孔在什麼處
孚但搖扇而已

∽ 남명전 선사 송

부모에게서 태어나기 전에는
콧구멍이 어디에 있는가?
총림의 늙은 작가들이
몸 숨길 구절에 모두 어두웠다
고산이 비록 기틀을 보았으나
문호를 버티려 안간힘 씀을 면치 못했네[49]
태원부 상좌가 부채질하여
한가히 집안 물건을 베풀어 농함이여
산중에 봄빛이 이미 짙어
나는 듯 지는 꽃 무수하네

南明泉 頌
父母未生時　　鼻孔在何處
叢林老作家　　俱昧藏身句
鼓山雖見機　　未免撐門戶
搖扇大原孚　　播弄閑家具
山中春已深　　飛花落無數

---

49) 원문에 탱문호(撐門戶)라고 되어 있는데, 이는 가업을 유지, 회복한다는 뜻과 자존
심을 지키려 한다는 뜻이 있다.

∽ 원오근 선사 송

부모에게서 태어나기 전이나
태어난 뒤에나 다만 이러-함이여
전부를 집어내듯 뛰어난 기교
곧바로 온전한 불 속의 연꽃이라
옛을 빛내고 지금에 드날리어
더없는 묘함으로 사의할 수 없음을 다했네
가련하구나!
청정한 가풍이 앉은 자리에 길이길이 가득하건만
한 생각에 팔천 년일세

圓悟勤 頌
父母未生前   生也只如然
一般拈掇能奇巧   直下渾如火裏蓮
騰今煥古   極妙窮玄
大可憐   淸風長滿坐
一念八千年

∽ 열재 거사 송

손 안의 부채로 홀연히 드러냄이여
초목과 총림이 모두가 부처로세
온누리의 사람이 아무도 그를 모르기에
홀로 공중을 향하여 돌돌(咄咄)만 쓰노라

悅齋居士 頌
手中扇子忽拈出
草木叢林俱是佛
盡大地人不識渠
獨向空中書咄咄

ᗊ 취암종 선사가 이 칙을 들고 말하였다.

좋은 한 주먹이거늘 너무나 늦었구나. 그때에 "노형(老兄)이 먼저 말해보시오." 하자마자 입을 후려갈겼어야 했느니라.
(이 기록에는 다음과 같이 되어 있다.
고산 선사가 부 상좌에게 물었다.
"부모에게서 태어나기 전에는 콧구멍이 어디에 있습니까?"
부 상좌가 말하였다.
"노형이 먼저 말하시오."
(중략)
고산 선사가 다시 물었다.
"그대는 어떻게 생각하시오?"
부 상좌가 말하였다.
"손에 든 부채를 내게 주시오."
고산 선사가 건네어 주었다. 그리고 다시 물으니 부 상좌가 잠자코 부채를 놓고 한 주먹 때렸다.)

翠嵓宗 拈 好一拳 只是大遲生 當時 纔見云 老兄先道 驀口便打
(此錄 皷山 問 孚上座至 鼻孔在什麼處 孚云 老兄先道云云 山却問
你又作麼生 孚云 將手中扇子來 山遂與扇子了再徵 孚乃默置遂打一
拳)

◌ 자수 선사가 상당하여, 태원부 상좌가 어느 여름날 장경 고산 선사와 함께 앉았다가 부 상좌가 물은 곳으로부터 부 상좌가 긍정 치 않았다는 곳까지에 이어, 장경 선사가 다시 "부모에게서 태어나 기 전에는 콧구멍이 어디에 있습니까?"라고 묻자 부 상좌가 부채 를 흔들었다 한 것을 들고 말하였다.

옛 사람이 한가로이 드러내고 한가로이 판별한 일을 보라. 찰나 간에 베풀어 찰나간에 새롭게 했다.

비록 그러나 산승의 점검에 의거하건대 태원부 상좌는 장경 선 사가 가볍고 가벼운 한 물음을 받자 당장 실수한 것을 알았으므로, 그때 장경 선사가 다시 묻자마자 그에게 본분의 먹이를 주었어야 했다. 어째서 그런가?

길에서 검객을 만나거든 검을 드러내고, 시인이 아니거든 시를 바치지 말아야 한다.

慈受 上堂擧大原孚夏日 與長慶皷山坐次 孚乃問至孚不肯 長慶 却 問 父母未生時鼻孔 在什麼處 孚遂搖扇 師云 看他古人等閑拈出等閑 別 造次施爲造次新 雖則伊麼 若據山僧 檢點將來 大原孚 被長慶輕 輕一捺 便見漏逗 當時 才見長慶復問 便好與他本分草料 爲什麼如此 路逢釼客須呈釼 不是詩人不獻詩

ꙮ 원오근 선사가 이 칙을 들고 말하였다.

　기특한 인연은 모름지기 기특한 인연으로 불러 일으켜야 되고,
수승한 큰 일은 반드시 수승한 일로 드날려야 된다. 비록 숨고 드
러남이 차이가 없으나 공교하고 치졸함이 다름이 있으니 어찌하랴.
어떤 이가 숭녕에게 "부모에게서 태어나기 전에는 콧구멍이 어디
에 있습니까?"라고 묻는다면 당장에 입을 후려갈기리라.

　圓悟勤 拈 奇特因緣 須以奇特 激發 殊勝大事 須以殊勝 擧揚 雖然
隱顯無差 其奈巧拙 有異 或 有問崇寧 父母未生已前 鼻孔 在什麽處
只劈口便掌

대원 문재현은 이 칙을 모두 들고나서 이르노라.

 "부모에게서 태어나기 전에는 콧구멍이 어디에 있습니까?"라고 어떤 이가 내게 묻는다면 그를 향해 "콧구멍이 어디에 있는고?"라고 하리니 대답이라 하겠는가, 물음이라 하겠는가?
 일러보라.

1134칙 성스러운 화살

 본 칙

부 상좌가 설봉 선사와 함께 안 국사가 고산으로 살러 가는 길을 전송하고 돌아와서 법당으로 올라갔는데 설봉 선사가 말하였다.

"한 개의 성스러운 화살이 곧장 아홉 겹의 성 안으로 날아들어 적중했도다."

부 상좌가 말하였다.

"화상이시여, 그는 그렇지 못합니다."

설봉 선사가 말하였다.

"그는 철저한 사람이니라."

이에 부 상좌가 말하였다.

"믿지 못하겠거든 제가 가서 감정해 보겠습니다."

부 상좌가 중도에까지 따라가서 붙들고 말하였다.

"사형은 어디로 가시오?"

고산 선사(안 국사)가 말하였다.

"아홉 겹의 성 안으로 갑니다."

부 상좌가 다시 말하였다.

"갑자기 삼군(三軍)에게 포위를 당하면 어찌하시겠소?"

고산 선사가 말하였다.

"거기에는 원래 하늘로 통하는 길이 있소."

부 상좌가 말하였다.

"그러면 궁전을 떠나 잃어버리겠습니다."

고산 선사가 말하였다.

"어느 곳인들 존귀하다 일컫지 않으리오."

이에 부 상좌가 돌아와서 설봉 선사에게 말하였다.

"한 개피의 좋은 성스러운 화살이 부러졌습니다."

부 상좌가 앞의 일을 이야기하니 설봉 선사가 말하였다.

"그에게도 할 말이 있게 된다."

부 상좌가 말하였다.

"이 늙은 고름주머니 같은 노장[50]이 끝내 고향에 대한 정이 남았구나."

孚上座因與雪峯 送晏國師 住皷山 廻至法堂 峯 乃云 一隻聖箭 直
射入九重城裏去也 孚云 和尙 是伊未在 峯云 渠是徹底人 孚云 若不
信 待某甲去勘過 遂徃中路 把住云 師兄 向甚處去 山云 九重城裏去
孚云 忽遇三軍圍閉時如何 山云 他家 自有通霄路 孚云 恁麼則離宮

---

50) 원문에 동농(凍䨇)이라고 되어 있는데, 이는 나이 많은 선사를 얕잡아 칭하는 말이
다.

失殿去也 山云 何處不稱尊 孚便廻謂雪峯曰好一隻聖箭 折却也 遂擧
前話 峯云 渠語在 孚云 遮老凍膿 畢竟有鄉情在

♻ 보녕 선사가 이 칙을 들고 말하였다.

  고산 선사는 걸음마다 높이 오를 줄만 알았고, 짚신 뒷축이 끊어진 줄은 전혀 몰랐으며, 태원 선사는 비록 무기로 마주 겨루었으나 활이 부러지고 화살이 다했음이야 어쩌랴. 양쪽이 모두 상하지 않기를 바라는가?
  사람을 쫓되 맞닥뜨리지 말고, 사람을 꾸짖되 드러내놓고 꾸짖지 말라.

  保寧 拈 皷山 只解步步登高 不覺草鞋跟斷 大原 雖然干戈相待 爭奈弓折箭盡 要得兩不相傷麽 趕人莫趕上 罵人莫罵著

∽ 대위철 선사가 이 칙을 들고 말하였다.

이 이야기를 대중에서 헤아리는 이가 적지 않으니, 혹은 "어디로 가시오? 하고 묻자마자 때렸어야 하기 때문에 거기가 성스러운 화살이 부러진 곳이다."라고 하고, 혹은 "갑자기 삼군에게 포위를 당하면 어찌하시겠소? 할 때 때렸어야 하기 때문에 거기가 성스러운 화살이 부러진 곳이다."라고 하거니와 이런 이론은 남을 속일 뿐 아니라 자신까지도 속이는 것이다.

알겠는가?

상여(相如)[51]가 성과 바꿀 수 있는 구슬을 빼앗아 갔으니 진왕(秦王)이 어떻게 태평을 이룩하리오.

大潙喆 拈 此話 衆中商量不少 或云 纔問甚處去 這裏 便好打 是聖箭折處 或云 忽遇三軍圍閉時如何 好打 是聖箭折處 如斯理論 非唯瞞他 亦乃自瞞 要會麼 相如曾奪連城壁 秦主安能致大平

---

51) 상여(相如) : 전국 시대, 조나라 혜문왕의 신하 목현의 식객에 인상여라는 사람이 있었다. 그는 진나라 소양왕에게 빼앗길 뻔했던 천하의 명옥(名玉)인 화씨지벽(和氏之璧)을 원상태로 가지고 돌아온 공으로 일약 상대부에 임명됐다.

∽ 진정문 선사가 상당하여 말하였다.

　설봉 선사가 비록 천오백 대중의 선지식으로서 왕후의 공양을 받
으니, 복 갚음을 받을 인연은 없지 않다 하겠거니와 불법이라면 없
다. 동산은 그렇게 하지 않으리니, "스님, 성스러운 화살이 도중에
서 부러졌습니다." 하거든 "어째서 그러냐?" 하여, 그가 지난 일을
이야기하자마자 주장자를 들어 때려 내쫓았더라면 첫째는 부 상좌
로 하여금 나중에 본분의 납자가 되게 했을 것이요, 둘째는 성스러
운 화살로 하여금 그 칼끝에서 벗어나게 했을 것이요, 셋째는 선문
에 진정한 종사가 되어 후인들의 안목이 되게 하였을 것이니라.
　선덕들이여! 옳은가, 옳지 않은가?
　안목이 있는 이는 가려내보라.

　眞淨文 上堂擧此話云 雪峯 雖爲一千五百人善知識 受侯王供養福
報因緣 卽不無 若是佛法 未在 洞山 卽不然 云 和尙 聖箭子途中折
了也 云 他道甚麼 待伊擧了 拽柱杖打將出去 一使孚上座 於後 作介
本色衲僧 二與聖箭子 出其鋒鋩 三與禪門 作介眞正宗匠 爲後人眼目
諸禪德 是也 不是 有眼者辨取

～ 운문고 선사가 대중에게 보이고 이 칙을 들고 말하였다.

대중들이 모두 "어디가 성스러운 화살이 부러진 곳인가? 고산 선사의 부 상좌의 말에 대한 답이 부합되지 못했으니 거기가 성스러운 화살이 부러진 곳이다."라고 말하고, "고산 선사가 설한 도리가 부합되지 못했으니 거기가 성스러운 화살이 부러진 곳이다."라고 하기도 하나니, 이렇게 비판해서야 고산 선사를 모를 뿐 아니라 부 상좌도 모른다.

부 상좌가 고산 선사의 면전에서 한바탕 과실을 수확해서 부끄러워하면서 돌아가 다시 설봉 선사 처소의 뿌리를 뽑으려 했으니, 마치 집안간에 양주[52]에서 장사하듯 했건만 이를 전혀 모르는 것이다.

만일 설봉 선사에게 대인상(大人相)이 없었다면 그 도적이 어디에 가서 몸을 용납했으리오. 그때 아깝게도 놓쳐서 도리어 마치지 못한 공안을 이루었다.

지금에라도 옛 사람의 숨통을 틔워줄 사람은 없는가? 있거든 나서라. 내가 그대들에게 묻겠노니, 어디가 성스러운 화살이 부러진 곳인가?

---

52) 양주는 화물이 제일 많이 집산되어 있는 상업 중심 도시이다. 양주에서 장사하듯 했다는 것은 집안의 가풍이 그처럼 번영함을 말한다.

雲門杲 示衆擧此話云 衆中 商量道 什麼處是聖箭折處 云 釙山 不
合答他話 是聖箭折處 釙山 不合說道理 是聖箭折處 與麼批判 非唯
不識釙山 亦乃不識孚老 殊不知孚上座 正是一枚賊漢 於釙山面前 納
一場敗闕 懷懼而歸 却來雪峯處拔本 大似屋裏 販楊州 若非雪峯 有
大人相 這賊 向甚處容身 當時 可惜放過 却成介不了底公案 只今 莫
有爲古人出氣底麼 試出來 我要問你 什麼處是聖箭折處

∽ 개암붕 선사가 상당하여 이 칙을 들고 말하였다.

이 공안을 말하는 이는 많으나 아는 이는 적다. 혹 어떤 이는 "부 상좌가 어디로 가시오? 할 때에 때렸어야 하거늘 이미 때리지 못했으니, 거기가 성스러운 화살이 부러진 곳이다."라고 하고, "부 상좌가 또 말하기를 '갑자기 삼군에게 포위를 당하면 어찌하시겠소?' 할 때에도 때렸어야 하거늘 역시 때리지 못했으니, 거기가 성스러운 화살이 부러진 곳이다."라고 하는데 이렇게 헤아리고 점치는 일만 많아서야 나귀해에나 가리라.

이런 이야기에는 마치 독약 만드는 마을을 지나온 것 같이 해서 물 한 방울도 젖지 않도록 해야 한다. 어째서 그런가 하면 한 글자가 관청[公門]에 들어오면 아홉 소가 끌어도 나오지 않기 때문이다.

그러나 관(官)으로는 바늘 하나 용납되지 않지만, 사사로이는 거마가 다니니, 시험삼아 여러분에게 주석을 내주리라.

설봉 선사를 알고 싶은가?

일찍이 국난을 겪어 황금갑옷을 입은 이이다.

부 상좌를 알고 싶은가?

살림이 가난해도 보검을 팔지는 않은 이이다.

고산 선사를 알고 싶은가?

팔 튼튼한 이가 오히려 힘써서 활쏘기를 싫어하여 하지 않는 이

이다.

능인(能仁)을 알고 싶은가?

눈 밝아서 여전히 두터운 구름 높음을 아는 이이다.

介庵朋 上堂擧此話云 這箇公案 說道理者多 會得者少 或者道 孚上
座 問向什麼處去 便好打 旣不打 是聖箭折處 孚又問 忽遇三軍圍閉
時如何 亦好打 旣不打 是聖箭折處 伊麼博量卜度 驢年去 這般說話
如經蠱毒之鄕 水也不得沾他一滴 何故 一字入公門 九牛拽不出 然雖
如是 官不容針 私通馬車 試與諸人 下箇注脚看 要識雪峯麼 曾經國
難披金甲 要識孚上座麼 不爲家貧賣寶刀 要識皷山麼 臂健 尙嫌弓力
偃 要識能仁麼 眼明猶識陣雲高

대원 문재현은 이 칙을 모두 들고나서 이르노라.

이 사람이라면 "어디로 가시오?" 하면 "어디로 가시오?" 하고, 또 "갑자기 삼군에게 포위를 당하면 어찌하시겠소?" 하면 "갑자기 삼군에게 포위를 당하면 어찌하시겠소?" 했을 것이니 답이라 하겠는가, 따라서 하는 말이라 하겠는가?

또 어떤 이가 내게 "어디로 가시오?" 한다면 서너 걸음 가다 "이러-한 함을 무어라 하겠는가?" 했을 것이고, 또 "갑자기 삼군에게 포위를 당하면 어찌하시겠소?" 한다면 "밖이 있거든 대라." 했을 것이다.

험.

험.

가슴으로 부르는 불심의 노래

대원 문재현 선사님 작사

여기에 실린 것들은 모두 대원 문재현 선사님께서 직접 작사하신 곡들이다.

　수행의 길로 들어서게끔 신심, 발심을 북돋아주는 곡으로부터 수행의 길로 접어든 이의 구도의 몸부림이 담겨있는 곡, 대승의 원력을 발해서 교화하는 보살의 자비심과 함께 낙원 세계를 누리는 풍류를 그려놓은 곡까지 가사 한마디, 한마디가 생생하여 그 뜻이 뼛속 깊이 새겨지고 그 멋에 흠뻑 취하게 된다.

　대원 문재현 선사님께서는 거칠고 말초적인 요즘의 노래를 듣고 이러한 정서를 순화시키고자, 또한 수행의 마음을 진작시키고자 하는 뜻에서 이 곡들을 작사하셨다.

서 원 가

작사 문재현
작곡 배신영
노래 홍노경

느리게

참 나를 깨 달 아 서   보 림 을 하 고   다 가 올 내 앞 날 의
보 살 의 가 는 길 이   험 난 타 해 도   맹 세 코 초 지 일 관
중 생 이 끝 이 없 다   말 들 을 해 도   보 현 의 만 행 다 해

서 원 이 라 네   기 어 코 육 바 라 밀   성 취 를 하 여 -
서 원 이 라 네   구 류 를 그 릇 따 라   깨 달 게 하 여 -
제 도 를 하 여   유 정 과 무 정 모 두   다 한 그 날 이 -

불 보 살 님 큰 은 - 혜 - 에   보 - 답 하 - 면 서
스 승 님 의 큰 은 - 혜 - 에   보 - 답 하 - 면 서
삼 보 님 의 큰 은 - 혜 - 를   갚 - 는 날 - 이 니

영 원 히 구 제 의 길   나 는 - 가 리 - 라
영 원 히 구 제 의 길   나 는 - 가 리 - 라
영 원 히 구 제 의 길   나 는 - 가 리 - 라

Fine

반조 염불가

작사 문재현
작곡 배신영
노래 홍노경

느리게

소중한 삶

작사 문재현
작곡 배신영
노래 홍노경

(모데라토) ♩ = 100

한 나날들을 아끼 면서 사랑으로 베풀
은 영원하고 행복한 삶 회복하려 노력

며 사노라면 삶이란 고해만은- 아니리 라
하는 길-이니 우리의 삶 앞날은- 밝으리 라

고운시선- 고운말로- 어 울-려
좋은마음- 좋은말로- 감 싸- 주고-

격려하며- 힘든 삶- 극-복 하 면
삶-속에- 불법을- 실-천 하 면

좋은업- 좋은날- 약속이아니던 가
영원하고- 행복한삶- 약속이아니던 가

Fine

석가모니불

작사 문재현
작곡 배신영
노래 홍노경

국악가요

석 가 모 니 불 -
석 가 모 니 불 -

거룩한 - 석가모니불 - 하늘땅에 - 유일한 - 님 - 이기 에 우러
거룩한 - 석가모니불 - 하늘땅에 - 유일한 - 님 - 이기 에 우러

러 간절 하게 - 기도하 면 내 소원이루어 지지요 - 탐 욕
러 가르 침을 - 따른다 면 언제나행복하 지 요 - 선 법

을 - 보시로 다스려서 행 - 하고 진 - 심을 - 인
을 - 깨달아 생활화를 함으로써 이 - 세상 - 이

욕으로 - 실천하면우 리 바 - 라 는 그 세 - 상 - 활 짝 - 열리네 불 - 법의
대로를 - 낙원으로님 이 바 - 라신 그 소 - 원 - 꽃 을 - 피우리 - 불 - 법의

진 리 깨달으면 - 함 없 는 - 함 으 로 - 님 의은혜 갚으 -
진 리 깨달으면 - 함 없 는 - 함 으 로 - 님 의은혜 갚으 -

리 석가 - 모 - 니 - 불 - 우 리 부처 - 님 - Fine
리 석가 - 모 - 니 - 불 - 우 리 부처 - 님 -

맹서의 노래

느리게

작사 문재현
작곡 배신영
노래 홍노경

염원의 노래

작사 문재현
작곡 배신영
노래 홍노경

느리게

음성공양

작사 문재현
작곡 배신영
노래 홍노경

느리게

발 심 가

작사 문재현
작곡 배신영
노래 홍노경

보사노바

우 - 리 네 한 세 상 - 　보 람 찬 삶 - 으 로 -
참 - 나 를 깨 달 아 - 　보 림 을 하 - 고 요 -
본 - 연 - 한 몸 의 - 　능 력 을 베 - 풀 어 -
눈 - 깜 박 하 는 새 - 　한 세 상 다 - 가 고 -

바 꾸 기 위 - 하 여 - 　닦 아 들 봅 - 시 다 -
자 비 심 발 - 하 여 - 　구 제 길 나 - 서 서 -
극 - 락 세 - 계 - 　장 엄 을 하 - 구 요 -
부 귀 와 공 - 명 은 - 　잠 시 의 꿈 - 이 라 -

청 춘 - 홍 안 이 - 　얼 마 나 길 - 던 가 -
중 생 들 세 계 에 - 　고 통 을 없 - 애 어 -
둥 실 - 두 둥 실 - 　누 리 기 위 - 하 여 -
이 러 한 되 풀 이 - 　금 생 에 끝 - 내 어 -

꿈 꾸 는 사 - 이 에 - 　백 발 이 된 - 다 네 -
극 락 이 되 - 도 록 - 　최 선 을 다 - 하 세 -
오 늘 의 어 - 려 움 - 　극 복 을 해 - 내 세 -
윤 회 의 사 슬 에 서 - 　벗 어 나 납 - 시 다 -

1-2절 D.C
3-4절

자비의 품

작사 문재현
작곡 배신영
노래 홍노경

느리게

자 대비보살 의 사랑 알지 못 하 고-
자 대비보살 의 사랑 자비의 품을-

외 면한 저중생 들 을- 그래도 가- 없어-
떠나 간 저중생 들 을- 저리도 애- 타 게-

잊- 지 못 하 는 그진한- 마 음 모 른
부르고 부 르 는 절절한- 마 음 새 기

체 하 고- 업 따 라 갈 수가 있- 나- 아- 아 하늘 땅
고 새 기 면- 업 따 라 갈 수가 있- 나- 아- 아 하늘 땅

사 이- 다시 또 없는 자비의 품에- 어서 돌아 와
사 이- 다시 또 없는 자비의 품에- 어서 돌아 와

감로 수 에 소- 원 이 루- 라-   Fine
감로 수 에 소- 원 이 루- 라-

부처님 은혜 1

작사 문재현
작곡 배신영
노래 홍노경

느리게

노을이 짙고 새둥-지- 찾을땐- 부처 님의절절한- 말씀 생각이나고

눈에이슬 맺힌채-참회 기도- 명 상으로써 억- 겁업을-

재우노 라면구 름그늘- 서늘한바 람 불어옴을-맞음 이랄까-

상쾌하고 확트인 가 슴- 희망의 미- 소

입가에 번- 지- 고 콧노래 가절로흘러나 온다- 고맙

습 니다- 참- 고맙습니 다 더없이큰부처 님은 혜

구류중 생을-구제 함으로써 갚는것이서원- 입니 다 서원

향 해- 뛸- 것-입니 다- 서원향해다할것입니- 다-

Fine

보살의 마음

작사 문재현
작곡 배신영
노래 홍노경

느리게

파 도에 실려 떠가 는 낙엽같이 살아가는 인 생 -

구원코 자 - 따라주 며 같이 하는 자 - 비인데 -

제 안경에 보인대 로 말 들 - 하 지 만 -
눈이 멀 고 귀가먹은 저 들 - 이 지 만 -

못 들은척 - 모르는 척 최 - 선 - 다하 - 리
황소처 럼 - 지장처 럼 최 - 선 - 다하 - 리

바 - 른눈 바 - 른맘 통쾌 - 히 열어라 -
지 - 혜눈 지 - 혜맘 통쾌 - 히 열어라 -

아 - 아 아 아 그 - 날 - 이
아 - 아 아 아 그 - 날 - 이

그 - 날 이 오기만을 기다 리 는 마 - 음 -
그 - 날 이 오기만을 기다 리 는 마 - 음 -

이 생에 해야 할일

작사 문재현
작곡 배신영
노래 홍노경

세상사람 날찾는일 등한하지-만 생각들
번갯불이 스쳐가듯 가는한세-상 맘닦아

해보구려 그러할일이던가 번갯불- 스쳐가듯
긴미래를 내마음내뜻대로 대천세계 여저기서-

아- 아 무 상 한 한 세- 상
아- 아 풍 류 를 누 리- 며

맘 닦 아 내 낙 원 을 -
끝없- 는 구 제 의 길 -

내이뤄 누리는일 아- 아 우리모-
자비로 실천할일 아- 아 우리모-

두 해야할일 이일뿐일세 해야 할일 이일뿐일
두 해야 할일 이일뿐일세 해야 할일 이일뿐일

세 -
세 -

DS. all play

구도의 목표

작사 문재현
작곡 배신영
노래 홍노경

느리게

님은 아시리

작사 문재현
작곡 배신영
노래 홍노경

Moderato ♩ = 100

사계 절의– 풍광 인들– 위로 되–겠–니
같이– 되지 않아– 기 도 에– 젖 은

– 서사 시의– 음률 인들– 쉬–어지–겠–니– 뜻과
이

마 음 님–은– 아–시–리– 한 세 상 열
청 춘 의 모

정 쏟–아– 닦는 수 행 길– 불 보 살 님 출 현 하 셔 베
든 욕–망 사뤄 버 리고– 회 광 반 조 촌 각 아 낀 열

푼 자–비–에– 모 든 망 상– 모 든 번
정 쏟–아–서– 이 룬 선 정– 그 효 력

뇌 없었으 면 좋으련 만 마음 대로– 안 되는게– 수행 이 더
이 있었으 면 좋으련 만 마음 대로– 안 되는게– 보림 이 더

D.S. al Coda

라 수행 이 더 라– 마음대 로– 안 되 는게– 수행 이더 라 수행 이 더라–
라 보림 이 더라 –

Fine

부처님 은혜 2

작사 문재현
작곡 배신영
노래 홍노경

느리게

낙엽이지고국향-이 짙을땐- 부처님의고고한- 말씀법계화되고

대승보살나투어-그릇따라- 베푼법문에 만난사람-

모두가깨쳐 두타보림-수행을하여 있는그곳-극락이어서-

걸음걸음 상쾌한가슴- 입가에미-소

언제나번-지-는 대자유삶누릴지어-다- 고맙

습니다-참-고맙습니다 촌각인들부처님은혜

그어찌한들-잊을날있으리 불은갚는그날-까지는 서원

향해-뙬-것입니다- 서원향해다할것입니-다-

Fine

성중성인 오셨네

(초파일노래)

작사 문재현
작곡 배신영
노래 홍노경

내 문제는 내가 풀자

작사 문재현
작곡 배신영
노래 홍노경

즐거운 밤

작사 문재현
작곡 배신영
노래 홍노경

Trot Disco ♩ = 145

관 음 가

작사 문재현
작곡 배신영
노래 홍노경

조금빠르게 ♩ = 130

꽃을보아도 먼산을보아도 그리움그리움이 - 더 해 -

진 - 관 세 음 관 - 세 - 음 은 -

포 - 근 한 아 - 아 - 품 이 랍 니 - 다 -

기 쁠 때 에 도 어 려 울 때 에 도 자 애

로 다 가 오 셔 서 힘 - 이 되 -

신 관 - 세 음 관 세 음 은 - 포 근 한 - 품 - 이 랍 니

- 다 - **Fine**

부처님

열반재일

작사 문재현
작곡 배신영
노래 채연회

Slow GoGo ♩ = 86

인연다함─ 아시기에─ 구제방편─ 거두시어─
대자대비─ 거룩하신─ 가르치심─ 이세상에

열반드신─ 그자재는─ 그누구가─ 흉내인들─
길이길아 펼처져서─ 그언젠가─ 이고해가─

내오리까─ 오 고 감을 뜻대로 한
낙원으로─ 되 는날을 믿는마음

거─ 룩함에 정 례 합니다 정
우─ 러러서 정 례 합니다 정

례 합─ 니 다─
례 합─ 니 다─

Fine

성도재일

작사 문재현
작곡 배신영
노래 채연희

Slow GoGo ♩ = 78

찬양합니다 찬양합니다 도이루심찬양합니 다
맹세합니다 맹세합니다 부처님의 뒤를이어 서

이 세상에 그 어떤- 일인들이보다 기쁘고거룩한일
생 사고통 영원히- 면하게이끄신 봉화의바른불빛

있 으 리 그 옛날의 오늘이룬
지 혜 로 어둔그늘 모두밝혀

부처님의 광명지혜 없었다- 면
부처님의 세상으로 바꿔놓- 는

중 생들- 이 생사고통 면할길을
그 일에- 서 제일가는 모습보여

감 히어찌 알 았으리 감사합 니 다
부처님의 은혜갚음 지켜보 소 서

감 사 합 니 다
지 켜 보 소 서

석굴암의 노래

작사 문재현
작곡 배신영
노래 채연희

님의 모습

작사 문재현
작곡 배신영
노래 채연희

무 지 개 를   타 - 고   나 - 툰 - 모 -
나 에 게 서   깨 - 워   주 - 신 - 모 -
그 대 로 가   유 - 마   묵 - 연 - 마 -

습
습
음

Fine

믿고 따르세

작사 문재현
작곡 배신영
노래 채연희

신명을 다하리

작사 문재현
작곡 배신영
노래 채연희

부처님께 바치는 노래

작사 문재현
작곡 배신영
노래 채연희

늘 새롭게 태어남으로 누리는
늘 새롭게 태어남으로 오늘도

삶을 깨닫게 이끌어-주신 부처님 어-
또한 내일도 함없는-함의 즐거움 어-

찌 감사함으로 만족하리까
찌 누림으로만 만족하리까

부처님처럼 관세음-처럼 닦고 이루고 갖추어 서 배
부처님처럼 관세음-처럼 그리 되도록 최선다해 구

품-으로- 구제하는맘 구류가 다한날 까 지
류-들을- 구제해내는 대자비의무장으로 써

최선다함만이 크나큰은-혜 갚음이라 영원히 신-
신명다함만이 크나큰은-혜 갚음이라 부처님 전-

명 다할 겁- 니 다
에 합장 합- 니 다

Fine

감사합니다

작사 문재현
작곡 배신영
노래 채연희

감사합니다 환영합니다 이 땅 위에 오신 것을 -
나를 깨우려 대자대비로 이 땅 위에 오셨기에 -

축하합니다 경축합니다 성 중 성인 오신 것을 -
우리 모두가 감사함으로 우러러 서받듭니다 -

손에 손을 - 서로 잡고 - 모두 함께 즐거워서 -
손에 손을 - 서로 잡고 - 노래 하고 춤을 추며 -

발걸음도 - 가벼웁게 - 춤을 춥 - 니 다 -
나날마다 - 오늘 같길 - 기 도 합 - 니 다 -

춤을 춥 - 니 다 -
기 도 합 - 니 다 -

교 화 가

작사 문재현
작곡 배신영
노래 채연희

구 제 를 할 때 —
교 화 를 할 때 —
노 래 를 하 며 —

갖 은 방 편 어 려 움 도
제 안 경 에 갖 은 시 비
춤 을 추 는 이 환 회 를

웃 어 넘 는 스 — 승 님 —
웃 어 넘 는 스 — 승 님 —
함 께 하 잔 스 — 승 님 —

1.2 = 1절 3 = 2절

섬진강 소초

작사 문재현
작곡 배신영
노래 채연희

Slow GoGo ♩ = 84

광양-포구 팔십-리의 거룻배에몸을싣 고
하동-포구 팔십-리에 거룻배를띄워놓 고

석양노을 고운빛에 물새도맘읽누 나
노을들어 법문하니 어우러진웃음이 네

광양하동 어우름의 한결같은섬진강 은
이위력이 세상그늘 모두거둬열린세 상

머언머언 그날에도 오늘처럼-흐르리 라
평등낙원 누림으로 노래하며-살게되 리

우리도저런맘 길이지녀 누리며사 세
그날을위한삶 모두함께 노력해사 세

Fine

권 수 가 1

작사 문제현
작곡 배신영
노래 채연희

Bounce ♩ = 120

아니아니- 닦지 는 못하리라 - 일 분과 일 각- 도-
아니아니 - 닦지 는 못하리라 - 한송이 떨어진 꽃을낙 화 진 다 고

허- 송하지말게 눈- 감 아- 뜨 는사이백- 발- 과 주 름일 세-
서러워마라 한번 피- 었 다- 꽃 이지듯우리저렇듯 지 고마 는-

어 서수행을 하여영원한 참나를알고 사 - 세-
슬 픈나날이흘러흘- 러 흘러만가니어이하 리-

이 것이것 이것이뭐 꼬 뭐꼬 라고한- 이것이 뭐
차 착각- 저초 침소 리 검은옷으로- 다 가오

꼬- 보 일듯이아니보 이 고
는- 저 승의사자소- 리

이룰듯하다가 놓쳤으니- 하루하루가 태산만같게
어찌아니 슬플쏜가- 숙-명적인 인과라해도

커져만-가는게 의심일세- 얼씨구나 좋다-
극복해-넘기에 어려웁네- 얼씨구나 좋다-

지화자좋네- 아니닦지는 -코러스-
지화자좋네- 아니닦지는

못-하리-라- 라-
못-하리-라- 라-

Fine

권 수 가 2

작사 문재현
작곡 배신영
노래 채연희

아니아니- 닭지 는 못하리라 -   적적요요달밝은-   밤-에-
아니아니- 닭지 는 못하리라 -   어지러운번 뇌   망-상-

단정히 눈 을감 은 깊 은삼 매 _   대상없는낙에 취 해 짓 는미 소 _
털- 고 이룬보리마음모 든 속박 -   다떨치고호연지기를 누 리 는데 -

한산습득이 즐겨누리 는   그낙이 아니 던 -   가 -
송죽 바람 솔솔향 기   그윽하고 - 그윽하   네 -

모 두들 -   저 런낙 을 -   누 리 려거 든 -   닭 고 닭
산 새도 -   노 래하 니 -   너 도좋고 -   나 도 좋

소 -   삼 세모 든불 보 살 님 도
다 -   삼 세제 불무 현 금 - 에

두타의수행을 인내로써 하루하루를 수행해왔던
역 - 대조 - 사 무공적의 명 - 월삼경 이좋은밤을

결실로 - 얻어진 과위라네 얼 씨구나 좋 다
두둥실 - 두둥실 즐겨보세 얼 씨구나 좋 다

지 화 자 좋 네 아 니 닦 지 는 - 코 러 스 -
지 화 자 좋 네 아 니 닦 지 는

못 - 하 리 - 라 **Fine**
못 - 하 리 - 라

우란분재일

작사 문재현
작곡 배신영
노래 채연회

고맙습니다

작사 문재현
작곡 배신영
노래 채연희

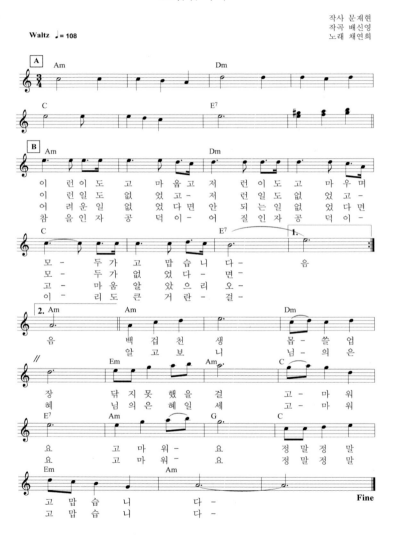

믿음으로 여는 세상

작사 문재현
작곡 배신영
노래 채연희

Slow ♩ = 76

우리들 모두가 　부처님의지해 - 　활짝열린가슴으로 　써
우리들 모두가 　참선을할때는 - 　모두비위명경지수 　로

다 같이 도와서 - 　살아들간 - 다면 　훈풍같은앞날이리 　라
참 나를 관조해 - 　실경에사 - 무처 　깨달아서활짝웃는 　날

아 - 즐 - 겁게 　즐겁게마 - 음을 　다스려참모습을 　이루노라 면
아 - 즐 - 겁게 　즐겁게법 - 담을 　함으로꽃피울걸 　맹세를하 고

정 - 토의 세상 이 　우 리를맞 - 으리 　우리모두기도합시
정 - 진에 정진 을 　정 진 에정 - 진을 　우리모두실천합시

다 　다 같이기도합시 - 다
다 　다 같이실천합시 - 다

Fine

출가재일

작사 문재현
작곡 배신영
노래 채연희

염 원

작사 문재현
작곡 배선영
노래 채언회

Moderato GoGo ♩ = 114

세 상 의 - 모든 것을 내 것 인 - 양
영 장 다 운 - 합 - 장 의 염 원 속 - 에

먹 고 입고 - 즐 - 기 며 살 아 가 - 다
세 상 티 끌 - 털 어 버 린 일 님 되 - 어

훌 쩍 지난세월속에 돌 아 보 니 한 바 탕 -
이것 이것 이무어꼬 참 구 하 며 날 이 가 고

꿈 결 같 은 인 생 이 라 관 음 보 살 -
달 이 가 고 세 월 가 도 시 간 감 을 -

외 치 며 회 개 하 니 기 도 하 다 -
모 르 는 일 상 이 라 크 게 깨 쳐 -

사 무 치 고 - 사 무 친 맘 대 해 탈 로 성 취 토 록 비 나 이 다 -
함 - 없 는 - 함 으 로 써 능 력 다 해 님 의 은 혜 갚 으 리 라 -

이 끌 어 주 옵 소 서 이 끌 어 주 옵 소 서 Fine
이 끌 어 주 옵 소 서 이 끌 어 주 옵 소 서

우리네 삶, 고운 수로

작사 문재현
작곡 배신영
노래 채연희

Swing ♩= 122

B Em
어 리 어 리   어 - 우 리   우 리 함 께   사 랑 하 며
어 리 어 리   어 - 우 리   남 녀 노 소   식 구 처 럼
어 리 어 리   어 - 우 리   남 녀 노 소   식 구 처 럼

G   C   C/D   G   C/D
어 울 려 노 래 와 춤 으 로   나 -
어 울 려 나 누 는 맘 으 로   나 -
어 울 려 나 누 는 맘 으 로   나 -

Em   Am
어 리 어 리   어 - 우 리
어 리 어 리   어 - 우 리
어 리 어 리   어 우 리

G   Em   C   D   G 1.,2.   G 3.
우 리 네 삶 고 운 수 로   꾸 며 가 세   세 Fine
우 리 네 삶 고 운 수 로   꾸 며 가 세
우 리 네 삶 고 운 수 로   꾸 며 가 세

숲속의 마음

작사 문재현
작곡 배신영
노래 채연희

Disco ♩ = 120

푸 른 숲 - 속 의　고 색 짙 은 절 찾 아
깊 고 그 - 윽 한　산 사 찾 아 온 마 음
사 람 다 - 움 을　생 각 하 며 걷 는 길

라 - 　라 - 　친 구 들 과　굽 이 굽 이
라 - 　라 - 　친 구 들 과　사 색 하 는
라 - 　라 - 　친 구 들 과　주 고 받 는

걷 는 길 가　계 곡 물 도　반 - 기 는
가 부 좌 에　관 음 보 살　미 - 소 를
오 늘 의 말　길 가 별 도　조 - 용 한

소 리 좋 고 도 좋 아　콧 - 노 래　응 -
짓 고 좋 고 도 좋 아　나 - 는 야　응 -
미 소 좋 고 도 좋 아　맘 - 노 래　응 -

새 들 도 합 창 을 하　네
마 음 꽃 활 짝 피 었　네
숲 길 도 어 깨 춤 추　네

Fine

사 색

작사 대원 문재현
작곡 배신영

조 용 - 히 눈 - 감 고 - 서 참 - 나 를 살 펴 - 봐 요

갖 은 생 각 모 든 행 이 이 로 좇 아 있 건 만 - 은

색 깔 도 모 양 도 없 어 알 - 고 파 서 사 색 일 세 모 든 걸 내 려 놓 고 -

쉬 는 시 간 사 색 으 로 한 걸 음 또 한 걸 음 다 가 서 는 노 력 다 해 기 어 이 성 취 하 여

낙 원 의 - 삶 - 누 리 려 네

천부경을 아시나요

작사 대원 문재현
작곡 배신영

우리조상 깊 — 은진리 천부경을아시나 요
바른진리 깨 — 달아서 이세상을바로봐 요

여든 — — 한 — 자속에누 리의 — 온이 — 치 — 를
마음 — — 의 능 — 력으로펼 쳐놓은장엄 — 이 — 라

남 김없이 — 담 으셨 — 네 — 필부의사내 — 라 도
화 려하고 — 아 름답 — 네 — 이 땅인이대 — 로 가

마 음을 — 갈고닦 — 아 영원 한참 — 나 깨 — 처
낙 원의 — 세계이 — 니 노래 와춤 — 으로 — 써

환 인 — 큰은혜에 보 답 — 해사 — 세
어 깨 — 동무하고 영원 — 히사 — 세

보 살 가

작사 대원 문재현
작곡 김동환

너무느리지않게 ♩ = 80

세상사에어 울린 구 제의길

어려움도웃어넘긴 이 마음을   흰 구름너도알리 라

성불의보리과를 이루기위해   두타의수행으로 써

이 세계 저 세계서 닦았던 보현행을 영 원 히 펼 치 — 리

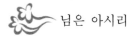 님은 아시리

1 부

1. 사계절의 풍광인들 위로되겠니
   서사시의 음률인들 쉬어지겠니
   뜻과 같이 되지 않아 기도에 젖은
   이 마음 님은 아시리
   한 세상 열정 쏟아 닦는 수행길
   불보살님 출현하셔 베푼 자비에
   모든 망상, 모든 번뇌 없었으면 좋으련만
   마음대로 안 되는 게 수행이더라, 수행이더라

2. 사계절의 풍광인들 위로되겠니
   서사시의 음률인들 쉬어지겠니
   뜻과 같이 되지 않아 기도에 젖은
   이 마음 님은 아시리
   청춘의 모든 욕망 사뤄버리고
   회광반조 촌각 아낀 열정 쏟아서
   이룬 선정 그 효력이 있었으면 좋으련만
   마음대로 안 되는 게 보림이더라, 보림이더라

3. 사계절의 풍광인들 위로되겠니
　서사시의 음률인들 쉬어지겠니
　뜻과 같이 되지 않아 기도에 젖은
　이 마음 님은 아시리
　억겁의 모든 습성 꺾어보려고
　갖은 노력 갖은 인내 온통 쏟아서
　세월 잊은 보림 성취 있었으면 좋으련만
　마음대로 안 되는 게 성불이더라, 성불이더라

2 부

1. 사계절의 풍광인들 비유되겠니
　가릉빈가 음률인들 비교되겠니
　뜻과 같이 자유자재 베풀어놓고
　한없이 즐기시련만
　그러한 대자유의 삶을 접고서
　중생들을 구제하려 삼도에 출현
　갖은 역경 어려움을 감내하는 자비로써
　깨워주는 그 진리에 눈을 뜨거라, 눈을 뜨거라

2. 사계절의 풍광인들 비유되겠니
   가릉빈가 음률인들 비교되겠니
   뜻과 같이 자유자재 베풀어놓고
   한없이 즐기시련만
   억겁을 다하여도 끝이 없을 걸
   알면서도 해내겠다 나선 님의 길
   가시밭길 험난해도 일관하신 그 자비에
   구류중생 깨달아서 정토 이루리, 정토 이루리

3. 사계절의 풍광인들 비유되겠니
   가릉빈가 음률인들 비교되겠니
   뜻과 같이 자유자재 베풀어놓고
   한없이 즐기시련만
   낙원의 모든 즐김 떨쳐버리고
   삼악도를 낙원으로 이뤄놓겠다
   촌각 아긴 그 열정에 모두 모두 감화되어
   이 땅 위에 님의 소원 이뤄지리라, 이뤄지리라

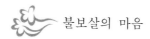 불보살의 마음

1. 자비, 그 자비는 눈물이었네
   불나방이 불을 쫓듯 가는 이
   그래도 못 잊어서 버리지 못해
   저리는 저리는 가슴, 그 가슴 안고서
   눈물, 피눈물로 저리 부르네

2. 자비, 그 자비는 눈물이었네
   제 살 길을 저버리는 이들을
   그래도 못 잊어서 버리지 못해
   저리는 저리는 가슴, 그 가슴 안고서
   눈물, 피눈물로 저리 부르네

 나의 노래

1. 노세 노세 봄놀이하세
   대천세계 이 봄 경치
   한산 습득 친구삼아
   호연지기 즐겨볼까
   얼씨구나 절씨구
   아니나 즐기고 무엇하리

2. 노세 노세 봄놀이하세
   걸음 쫓아 이른 곳곳
   문수보현 벗을 삼아
   화엄광장 춤춰볼까
   얼씨구나 절씨구
   아니나 즐기고 무엇하리

잘 사는 게 불법일세

1. 잘 사는 게 불법일세
   우리 모두 관음보살 지장보살 생활 속에 모시면서
   마음 비운 나날들로 바른 삶을 하노라면
   불보살님 가피 속에 뜻 이뤄서 꽃을 피운
   그런 날이 있을 걸세

2. 잘 사는 게 불법일세
   우리 모두 관음보살 지장보살 생활 속에 모시면서
   마음 비워 살아가며 시시때때 잊지 말고
   참나 찾아 참구하는 그 정성도 함께 하면
   좋은 소식 있을 걸세

3. 잘 사는 게 불법일세
   우리 모두 관음보살 지장보살 생활 속에 모시면서
   틈틈으로 회광반조 사색으로 참나 깨쳐
   화장세계 장엄하고 얼쉬얼쉬 어울리며
   영원토록 웃고 사세

 해탈의 길

- 타령조로

1. 백짓장 한 장도 가리운 것 없는 것을
   그리도 몰라 여섯 갈래 떨어져서
   그 처참한 갖은 고통 날로 날로 겪는다는 말이런가

   백짓장 한 장도 설 수 없는 것이라서
   모를 뿐이라 어려울 것 없는 것을
   제 능력에 제가 속은 고통에서 벗어나지 못하누나

   백짓장 한 장 그런 말도 비운 거기
   조용하게 비추어 보아 사무쳐들 보게나
   끝이 없는 윤회길의 모든 고통 벗어나는 길이로세

2. 백짓장 한 장 벗겨낼 일도 없이
   천연으로 내게 있어 본래 대자운데
   억겁 속을 속박 고통 겪었구나
   얼씨구나 절씨구나 좋고 좋네

   백짓장 한 장 만한 것도 얻음 없이
   이리 만족 하는 것을 두고
   유구세월 걸인생활 하였구나
   얼씨구나 절씨구나 좋고 좋아 좋고 좋네

   백짓장 한 장 옮김 없이 이른 낙원
   이 행복을 모두 함께 누려 지상낙원 되는 날을
   하루라도 앞당겨서 크고 크신 님의 은혜 갚아보세

 우리 모두

우리 모두 만난 인생 즐겁게 살자
부딪치는 세상만사 웃으며 하자
인연으로 어우러진 세상사이니
풀어가는 삶이어야 하지 않겠니
몸 종노릇 하는 사이 맘 챙겨 살자
맑고 맑은 가을 허공 그렇게 비워
명상으로 정신세계 사무쳐보자
언젠가는 깨쳐 웃는 그날이 오리
한산 습득 껄껄 웃는 그러한 웃음
웃어가며 모든 일을 대하는 날로
활짝 펼쳐 어우러진 그러한 삶을
우리 모두 발원하며 즐겁게 살자

이때 우리는

1. 화산의 폭발로 해서 사람들과 모든 것이 용암펄로 화해버린
   이 막막한 우리들을 올바르게 영원으로 끌어주실
   성인중의 성인이신 불보살님 나라에 가 나는 게 꿈이네

2. 태풍이 인가를 덮쳐 다정했던 이웃들은 간 곳 없고
   어지러운 벌판 되어 처참하고 참담하기 그지없는 무상한
   이 현실에 의지할 분 생명 밝혀 영원케 한 부처님 뿐이네

3. 지진이 우리의 삶을 삼켜버려 초토화가 되어버린
   허망하기 그지없는 우리들의 현실에선 사방천지 둘러봐도
   의지해야 할 분은 자신 깨쳐 누리라 한 부처님 뿐이네

 닮으렵니다

관세음보살 관세음보살
지극한 마음으로 닮으려고
오늘도 노력하며 주어진 일을 하면
하루가 훌쩍 가는 줄도 모른다오
관세음 관세음보살
님께서 베푸는 그 넓은 사랑을
이 맘 속에 기르고 길러서
실천하는 그런 장부 되어서
큰 은혜 갚을 겁니다

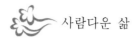 사람다운 삶

1. 사람이 사람다운 사람이 되려면
   명상으로 비우고 비워서
   고요의 극치에 이르러
   자신을 발견한 슬기로써
   마음을 다스리는 연마 후에
   그 능력으로 모두가 살아가야
   평화로운 세상이 활짝 열려
   모두 함께 누릴 걸세

2. 서로가 다툼 없이 서로를 아껴서
   마음으로 베풀고 베푸는
   사회로 이루어 간다면
   낙원이 멀리만 있는 것이 아니라
   살고 있는 이대로가 낙원이란 걸
   모두가 실감하는
   우리들의 세상이 활짝 열려
   모두 함께 누릴 걸세

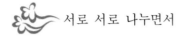 서로 서로 나누면서

버들 푸르고 꽃 만발하고 나비 춤이더니
녹음이 우거지고 매미들의 노래 가득한 천지
울긋불긋 고운 단풍 어제인 듯한데 눈이 오네
우리 모두의 삶 저러하고 저렇지 않던가
보기도 아까웁고 소중한 형제 자매들이니
서로 서로 나누면서 짧은 우리네 삶을 즐기세

 지장보살

지장보살 두 눈의 흐르는 눈물
마르실 날 언제일까 생각하고 또 생각해도
이 세상의 사람들이 멀어지게만 하고 있네요
보살님 어찌해야 하오리까
반야의 실천으로 최선 다해 돕는다면
안 되는 일 있으리까
대원본존 지장보살 나무 지장보살

 즐거운 마음

- 흥겹게 부를 노래

1. 우리 모두 선택 받은 제자 되어
   즐거운 맘 하나 되어 축하합니다
   그 무엇을 이룬들 이리 좋으며
   황금보석 선물인들 이만하리까
   부처님의 가르침만 따르오리다
   실천하리라 실천하리라

2. 부처님의 뒤 이을 걸 맹세하며
   다짐으로 즐기는 맘 가득합니다
   당당하게 행보하는 구세의 역군
   혼신 다해 낙원 이룬 이 세계에서
   함께 사는 즐거움을 생각하며
   노래합니다 노래합니다

 바른 삶

1. 어디 어디 어디라 해도
   마음 찾아 바로만 살면
   그곳 바로 극락이라네
   세상분들 귀담아 듣고
   사람 몸을 가졌을 때에
   모든 고비 극복해내서
   참선으로 참나를 깨쳐
   걸림없는 해탈의 세상
   누려보세 누려들 보세

2. 어둔 곳에 태양이 뜨듯
   중생계에 불타 출현해
   바른 삶에 인도를 하셔
   복된 날을 기약케 하니
   아니 아니 좋고 좋은가
   이 몸 주인 통쾌히 깨쳐
   억겁 업을 말끔히 씻고
   걸림없는 해탈의 세상
   누려보세 누려들 보세

선 승

토함산 소나무 위에 달빛도 조는데
단잠을 잊은 채 장승처럼 앉아있는
깊은 밤 선승의 그윽한 눈빛
고요마저 서지 못한 선정이라
대천도 흔적 없고 허공계도 머물 수 없는
수정 같은 광명이여, 화엄의 세계로세

꽃 다시 올 수 없는 날

눈을 감은 합장으로 맹서합니다 언제나 같이 하길
모든 걸 버리고 출가를 했으니 기필코 성불하길
굳은 맹세를 하죠 일심기도를 하죠
내 생에 이처럼 의미깊은 날 다시는 올 수 없을 겁니다
스승님을 만난 걸 너무나 감사해요
이 생에서 생사자재하여 모두 함께 합시다
위로는 불지를 닦고 아래로는 교화를 하여
이 생에서 부처님의 크고 큰 은혜를 갚으리라

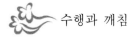 수행과 깨침

1. 그릴 수도 없는 마음 만질 수도 없는 마음
   찾으려는 수행이라 모든 것을 다 버리고
   모든 생각 비우기를 몇천 번이었던가
   머리 터져 피 흘려도 멈출 수가 없는 공부
   이 공부가 아니던가

2. 놓지 못해 우두커니 장승처럼 뭐꼬 하고 앉았는데
   앞뒤 없어 몸마저도 공해버린 여기에서 이러-한 채
   시간 간 줄 모른 채로 눈을 감고 얼마간을 지나던 중
   한 때 홀연 큰 웃음에 화장계일세

맹 세

1. 내가 선택한 수행의 길에 나의 청춘을 묶었다
   님 향해 눈 감고 합장에 담은 지극한 신심과 정성입니다
   내 가슴에 못질을 하는 업심의 무게 속에서도
   우리가 모신 스승님 자비 속에 눈물도 이젠 끝났다
   너무도 쉽게 깨달아서 소중한지도 모르고
   보림이 힘겨워 단 한 번도 감사하단 말도 못했네
   백년도 우린 살지 못하고 이 몸은 흩어지지만
   세세생생 우리 함께 하도록 열심히 정진하리라

2. 40여년쯤 지나 내 육신의 옷을 벗을 때가 되면
   생사자재하여 스승님과 그 길을 함께 하리라
   너무도 쉽게 깨달아서 소중한지도 모르고
   보림이 힘겨워 큰 은혜에 감사하단 말도 못했네
   백 년도 우린 살지 못하고 이 몸은 흩어지지만
   세세생생 님의 은혜 갚는 길 온 중생 제도함이라
   이 세상의 어떤 고난이 나를 막는다 하여도
   내 전부인 오직 한 분 님 위해 살리라 님 위해 살리라

 걱정 말라

1. 걱정 말라 걱정을 말라 불보살님 말씀대로만
   행한다면 안 풀리는 일 없다 하지 않았던가
   육근으로 보시를 하며 웃고 살자 웃고들 살자
   백년 미만 우리네 인생 세상 만사 마음먹기 달렸다고
   일러주시지 않았던가 걱정을 말라

2. 이리 봐도 저리를 봐도 모두 모두 내 살림일세
   간섭할 수 없는 내 살림 아니 아니 그러한가
   이리 펼치고 저리 펼쳐 육문으로 지은 복덕
   베푸는 맛이 아니 좋은가 우리 사는 지구인 별 함께 가꿔
   낙원으로 만들어서 살아들 보세

   얼씨구나 절씨구나 한 판 놀음 덩실덩실 살아들 보세

🌸 따르렵니다

1. 우리 모두 합장 공경 하옵니다
   크고 작은 근심 걱정 씻어주려
   우릴 찾아 오셨으니 감사합니다 고맙습니다

2. 우리 모두 손에 손을 맞잡고서
   즐거웁게 노래하고 춤을 추며
   우리에게 오신 님을 경하합니다 축하합니다

3. 우리들의 깊은 잠을 깨워주셔
   영생불멸 낙원의 삶 누리게끔
   해주시려 오신 님을 공경합니다 따르렵니다

정한 일일세

우리네 삶이란 것
풀끝 이슬 아니던가
서로서로 위로하고 아끼면서
우리 모두 착한 삶이
이어져 가노라면
언젠가는 행복한
그날이 우리에게
찾아오는 것 정한 일일세
찾아오는 것 정한 일일세

효

1. 아들 딸이 귀엽고 사랑스런 그 속에 우리들의 부모님
   어려움에도 끝내 가르치고 기른 정 이제 읽으며
   늦은 눈물로써 불초를 뉘우치며 맹세하고 다짐하는
   아들 딸이 여기 있으니, 건강히 오래만 사시기를
   손 모아 손을 모아 간절하게 바라고 또 바라는
   기도를 하옵니다 부모님 입이 귀에 걸리시게 할 겁니다

2. 어렵고도 어려운 보릿고개 그 속에 우리들을 먹이고
   가르치느라 정말 그 얼마나 고생이 되셨습니까
   허리 두 끈들을 졸라맨 아픔으로 사셨죠
   정말 정말 오래도록 건강하게만 계셔주신다면
   아들 딸을 낳으시고 길러주신 그 노고에 크게 보답할 겁니다
   아버님 어머님의 입이 귀에 걸리시게 할 겁니다

 웃고 살자

1. 아하하하 우습다 아하하하 우스워
   제 그림자 모르고 저라 하는 사람 보고 아니 웃고 울으랴
   아하하하 우습다 아하하하 우스워
   다섯 도적 종노릇에 헌신하는 사람 보고 아니 웃고 울으랴
   아하하하 우습다 아하하하 우스워
   저승세계 코앞인데 대비 없는 사람 보고 아니 웃고 울으랴
   아하하하 우습다 아하하하 우스워
   참나 찾지 아니하고 허송하는 사람 보고 아니 웃고 울으랴
   아하하하 우습다 아하하하 우스워 (3번 이상)
   아리랑 아리랑 아라리요
   아리랑 고개를 넘어간다
   나를 버리고 가시는 님은
   십 리도 못 가서 되돌아온다

2. 즐겁고도 즐겁다 즐겁고도 즐거워

　좋은 인연 있었던가 거룩한 이 만나서 참나 찾은 이 행운이

　즐겁고도 즐겁다 즐겁고도 즐거워

　이 행운을 나 혼자서 누리기에 아쉬워 인도하려 나섰는데

　아리랑 아리랑 아라리요 아리랑 아리랑 아라리가 났네

　즐겁고도 즐겁다 즐겁고도 즐거워

　영원한 나 찾음으로 한순간에 성취한 낙원의 삶 권하나니

　즐겁고도 즐겁다 즐겁고도 즐거워

　우리 모두 다 함께 얼싸안고 누리는 그런 세상 노력하세

　즐겁고도 즐겁다 즐겁고도 즐거워 (3번 이상)

　아리랑 아리랑 아라리요

　아리랑 고개를 넘어간다

　청천 하늘엔 잔별도 많고

　이내 가슴엔 희망도 많다

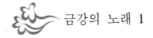

일 없는 경지인 부처님, 중생 위해 한순간도 쉼 없이 일심전력 쏟으시네.

사위국 기수급고독원서 1250명의 비구들과 계실 때 세존께서 공양 때가 되자 가사 입고 발우 들고 사위성에 들어 차례차례 비신 후에 본 곳에 오셔 드시고 가사 발우 거둔 다음 발 씻고 자리펴 앉으셨네. 이때 장로 수보리 대중 가운데 있다가 자리에서 일어나 오체투지로 앉아 공경히 합장하고 부처님께 여쭙기를
"희유합니다. 세존이시여. 모든 수행하는 보살들에게 잘 생각하여 지키게 하시고 잘 부촉하셨습니다. 그러나 세존이시여 그 아래 수행자들은 아뇩다라삼먁삼보리 마음을 내어 어떻게 머무르며 어떻게 그 마음을 항복시켜야 합니까?"
"착하고도 착하구나. 수보리야. 네가 말한 대로 여래는 모든 보살들이 잘 생각하여 지키게 하였고 모든 보살들에게 잘 부촉하였다. 그러나 제삼 청하니 너희들은 자세히 들거라. 그대들을 위해 일러주리라. 선남자 선여인들이여, 아뇩다라삼먁삼보리 마음을 내어 마땅히 이러-히 머물고 이러-히 그 마음을 항복시켜야 하니라."

금구성언 말씀대로 실천하여
내 기어이 성취하여 구류 구제

최선 다해 큰 은혜를 보답하리

"그러하오나 세존이시여, 정말 그렇습니다만 바라옵건대 보다 더 자
세히 듣고자 하나이다."
부처님께서 수보리에게 말씀하시기를
"모든 보살마하살은 마땅히 이러-히 그 마음을 항복시켜야 하니라.
내가 모든 중생들인 아홉 가지 무리들을 모두 남김없이 열반에 들게
하여 이러-히 한량없고 수없고 끝없는 중생을 멸도해서는 진실로 멸
도 얻은 중생이 없어야 하니라.
왜냐하면 수보리야 만일 보살이 아상, 인상, 중생상, 수자상이 있다
면 곧 보살이라 할 수 없기 때문이다.
수보리야, 보살은 마땅히 법에도 머무름 없이 보시를 해야 하는 것
이니 색에 머무름 없이 보시를 해야 하며, 소리나 향기나 맛이나 촉
감이나 법에도 머무름 없이 보시를 해야 하니라.
수보리야, 마땅히 보살은 이러-히 보시를 하여 모든 상에 머무름이
없어야 하는 것이니, 만약 보살이 상에 머무름 없이 보시를 하면 그
로 인한 복덕은 생각으로 헤아릴 수 없으니, 왜냐하면 끝없는 미래
에 누리기 때문이니라.
그대는 어떻게 생각하느냐? 몸과 모양으로 여래를 볼 수 있겠느냐,
없겠느냐?"
"볼 수 없습니다. 세존이시여. 몸과 모양으로는 여래를 볼 수 없습니
다. 왜냐하면 여래께서 말씀하신 몸과 모양은 곧 몸과 모양이 아니
기 때문입니다."
"수보리야, 무릇 있는 바 상이 모두 허망하다고들 하나 만약 모든

상이 상 아님을 보면 바로 여래를 본 것이니라."

금구성언 말씀대로 실천하여
내 기어이 성취하여 구류 구제
최선 다해 큰 은혜를 보답하리

수보리가 부처님께 여쭈었다.
"이상과 같은 말씀을 듣고 참답게 믿음을 낼 중생이 있겠습니까?"
"수보리야, 그런 말을 말라. 내가 열반한 뒤 오백 세가 지난 후라도
계행을 갖추고 복을 닦는 사람이 있어서 이 글귀에 능히 믿는 마음
을 내어 이로써 참다움을 삼을 것이니라.
마땅히 알라. 이 사람은 한 부처님, 두 부처님, 세 부처님, 네 부처
님, 다섯 부처님에게만 선근을 심은 것이 아니라 이미 한량없는 천
만 부처님 처소에서 선근을 심었기에 이 글귀를 듣고 지극한 한 생
각에 깨끗한 믿음을 내니라."
금강반야바라밀
금강반야바라밀
금강반야바라밀

금구성언 말씀대로 실천하여
내 기어이 성취하여 구류 구제
최선 다해 큰 은혜를 보답하리

일 없는 경지인 부처님, 중생 위해 한순간도 쉼 없이 일심전력 쏟으
시네.

수보리가 부처님께 여쭈었다.
"세존이시여, 부처님께서 아뇩다라삼먁삼보리를 얻으셨다 하나 얻은
바 없습니다."
"그렇고 그렇다 수보리야. 나에게는 아뇩다라삼먁삼보리나 그 어떤
조그마한 법도 얻음이 없으니 이를 이름하여 아뇩다라삼먁삼보리라
하니라.
수보리야 이 법은 평등하여 높고 낮음이 없기에 이를 이름하여 아뇩
다라삼먁삼보리라 하니라. 아도 없고, 인도 없고, 중생도 없고, 수자
도 없이 모든 선법을 닦아야 곧 아뇩다라삼먁삼보리를 얻느니라.

금구성언 말씀대로 실천하여
내 기어이 성취하여 구류 구제
최선 다해 큰 은혜를 보답하리

수보리야 선법이라고 말한 것도 여래가 곧 선법도 아닌 이것을 이름
하여 선법이라 할 뿐이니라.
수보리야 만일 어떤 사람이 삼천대천세계 가운데 있는 모든 수미산

왕만한 일곱 가지 보배 무더기로 보시한다 해도 이 반야바라밀경의
네 글귀 게송만이라도 받아 지녀 읽고 외워서 다른 사람을 위하여
설하여 주는 이가 있다면 앞에서 일곱 가지 보배로 보시한 복덕으로
는 백천만억의 일에도 미칠 수 없느니라.
왜냐하면 그 복덕은 끝없는 미래에 누리기 때문이니라.
다른 사람을 위하여 어떻게 말하여 주겠느냐?
취할 상이란 것도 없으니 이러-하고 이러-해서 움직임이 없도록 하라.
왜냐하면 모든 함이 있는 법은 꿈 같고, 허깨비 같고, 물거품 같고,
그림자 같으며, 이슬 같고, 번개 같아서 마땅히 이러-히 보아야 하기
때문이니라.

금구성언 말씀대로 실천하여
내 기어이 성취하여 구류 구제
최선 다해 큰 은혜를 보답하리

 반야의 노래

일 없는 경지인 부처님, 중생 위해 한순간도 쉼 없이 일심전력 쏟으
시네.

내면 향해 비춰보는 지혜로써 이 몸 공함 바로 보아
나고 죽는 모든 괴로움 벗어나신 관자재의 말씀 들어보오

색이라나 공과 다르지 아니하고
공이라나 색과 다르지 아니하여
색 그대로 공이고, 공 그대로 색이며
받는 것, 생각하는 것, 행하는 것, 분별도 그렇다시네

모든 법의 상도 또한 공했나니
나고 죽음 본래 없고 더럽지도 깨끗지도 아니하며
늘지도 줄지도 않는다시네

금구 성언 옳은 말씀
수행이란 힘이 들어도
고비 넘겨 이뤄만 봐요
더 없는 행복을 이루네

공 가운데 색 없어서, 받는 것, 생각하는 것, 행하는 것, 분별도 없고
눈과 귀와 코와 혀, 몸과 뜻도 없고
빛과 소리, 향기와 맛, 닿는 것과 법도 없어
눈으로 볼 경계 없어 뜻으로 분별할 경계도 없고
무명 없고 무명 다함 또한 없다시네
그러므로 늙고 죽음 없고, 늙고 죽음 다한 것도 본래 없어
고와 집과 멸과 도도 없다 하고
지혜도 없고 또한 얻음마저 없으니, 얻을 바 없는 까닭이라시네

금구 성언 옳은 말씀
이 경지가 힘이 들어도
구비 넘겨 이뤄만 봐요
영원한 행복을 이루네

보살님들 반야바라밀다를 의지하는 까닭으로 마음에 걸림 전혀 없고
걸림 없는 까닭으로 두려움이 전혀 없어
엎어지고 거꾸러진 꿈결 같은 생각들이
전혀 없어 마침내 열반이라시네

삼세 모든 부처님도 지혜로써 저 언덕에 이르름을 의지한 고로
무상정변정각 이뤘나니 그러므로 알지어다
반야바라밀다는 이러-히 크게 신령한 주며 이러-히 크게 밝은 주며
이러-히 위없는 주며 이러-히 차별 없는 차별하는 주라
능히 모든 괴로움을 없앤다 함 진실이지 거짓 없네

아제 아제 바라아제 바라승아제 모지 사바하
아제 아제 바라아제 바라승아제 모지 사바하
아제 아제 바라아제 바라승아제 모지 사바하

금구 성언 옳은 말씀
이 경지를 최선을 다해
이룬다면 끝없는 삶에
영원한 행복을 이루네

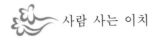 사람 사는 이치

이 세상 사람들 사는 것
농부들 농사를 짓는 것과
조금도 다를 바 없는 이치이니
여러분 귀 기울여 들어보시오
얼씨구나 좋네 지화자 좋네 아니 아니 그러는가

봄이 되면 깊이 깊이 간직해 둔 씨곡식을
꺼내다 땅을 파고 다듬어서 골을 파고 뿌린 후에
오뉴월 찜더위에 구슬땀을 흘리면서
김을 매어 가꾸는 것은 엄동설한 추운 날에
사랑하는 부모님과 아내 자식들 모두
잘 지내게 하려는 깊은 뜻에서라네
얼씨구나 좋네 지화자 좋네 아니 아니 그러는가

어떤 이가 말을 하기를 늘 현재만을 즐겁게 살자
강변함을 보았는데 좋은 말이기는 하지만
그 말은 자칫하면 희망이 없는 잘못된 말이라네
그러므로 내일을 위하여 오늘의 어려움을 즐기면서
밝게 밝게 살아갑시다
얼씨구나 좋네 지화자 좋네 아니 아니 그러는가

 치유의 노래

요즈음의 우울증과 가지가지 신경성 질환에 시달리는 사람들
세상에서 들리는 저 모든 소리들을 나의 내면에서 듣는 곳을 향해
비춰보오
쉬운 일은 아니지만 포기하지 않고
듣는 곳을 향해 보고 또 보는 것을
하루 이틀 한 달 두 달 지속하다보면
어느 날 밖이 없는 고요를 체험하게 될 것일세
얼씨구나 좋네 지화자 좋네 아니 아니 그러는가

그 고요를 지속하도록 노력하노라면
어느 날 대상 없는 미소와 동시에 편안함을 체험하게 될 것일세
밖이 없는 이 고요의 편안함을 즐기다 보면
어느 날 밖의 어느 인연을 맞아 그 실체인 자신을 발견할 것일세
이 실체를 발견한 뒤 세상을 살아가는 과정에서 어려운 일이 있으면
바로 그 실체에 비춰 보게
그 어려운 것들이 사라지고 밖이 없는 고요로운 실체의 자신이
대상 없는 미소를 짓게 될 것일세
얼씨구나 좋네 지화자 좋네 아니 아니 그러는가

 바른 삶

우리 삶을 두고서 허무하다 누가 말했나
본래 마음이 나 아닌가
그 마음 나를 삼아 살면 되지
지금도 늦지 않네 우리 모두
오늘부터 모두들 마음으로 나를 삼아
길이길이 웃고들 사세

나는 바보

나는 바보다 나는 바보야
역지사지 알다보니 바보가 되었네
그렇지만 내 주위는 언제나 웃음이 있고
나눔이 있어 행복하다네
나는 나는 그런 바보야
나는 나는 그런 바보야

여기가 낙원

참나 찾아 영원을 향해
한 눈 안 판 노력을 하며
가정 위해 사회를 위해
뛰고 뛰고 혼신을 다한
나의 노력 결실이 되어
일상에서 누리는 나날
선 자리가 낙원이 되니
초목들도 어깨 춤추고
산새들도 축하를 하네

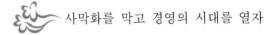 사막화를 막고 경영의 시대를 열자

사막화로 급속히 변해가는 이 지구를
방치해선 아니 되네 방치하면
지구가 생긴 이래 최악의 상태 됨은
불을 보듯 뻔한 일일세, 하지만

육십 억의 온 인류가 한 마음 한 뜻 되어
황무지는 돌나물로 푸른 초원 만들고
확장되는 사막화를 세면관의 바닷물로 막는다면
지구가 생긴 이래 가장 살기 좋은 시대를
인류는 맞을 걸세

아리랑 아리랑 아라리요
아리랑 고개를 넘어간다
청천 하늘엔 잔별도 많고
이내 가슴엔 희망도 많다

사막은 지구의 심장
21세기는 사막 경영 시대화를 하여
연구에 노력을 다한다면은
지상 낙원이 우리 인류에게 달려와서 맞을 걸세

육십 억의 온 인류가 손에 손잡고 한 뜻 되어
사랑하는 마음으로 역경을 헤쳐 나가
황무지를 초원으로 만들고
사막화를 막아 살기 좋은 지구촌을 이뤄보세
살기 좋은 지구촌을 이뤄보세

아리랑 아리랑 아라리요
아리랑 고개를 넘어간다
청천 하늘엔 잔별도 많고
이내 가슴엔 희망도 많다

내 말 좀 들어봐요

모두 모두 내 말 좀 들어봐요
이 몸이 내가 아니라 이 마음이 나 아닌가
살아가는 생활 속에 명상을 하여
이 맘 찾아 나를 삼아 살아를 봐요
모든 속박 모든 괴롬 벗어나는 아주 좋은 일이니
이제라도 안 늦으니 명상으로 뜻 이루어
영원한 생명 영원한 행복 우리 모두 누려들 보세

 잘 사는 비결

참지 못한 결과는 어려움이 닥치고
참고 참는 결과는 좋은 일이 온다네
친구들아 모든 일 힘을 합쳐 맞으면
못 이룰 일 없지만
니 떡 너 먹고 내 떡 나 먹는 그럼 마음 쓴다면
될 일도 아니 된다네
우리 서로 뜻을 합쳐 모두 모두 잘 살아보세
이미 이룬 과학문명 선용을 하여 용맹심을 내어
모든 일에 임한다면 행복이 줄을 서서 올 걸세
아리랑 아리랑 아라리요
아리랑 고개를 넘어간다
청천 하늘엔 잔별도 많고
이내 가슴엔 희망도 많다

용서하는 결과는 웃는 날이 맞이하고
베푼 뒤엔 참 좋은 이웃들이 생기네
친구들아 서로들 힘을 합쳐 임하면
못할 일이 없지만
니 떡 너 먹고 내 떡 나 먹는 그런 마음 쓴다면
될 일도 아니 된다네

오늘부터 뜻을 합쳐 우리 한번 잘 살아보세
이미 이룬 과학문명 선용을 하여 용맹심을 내어
모든 일에 임한다면 행복이 줄을 서서 올 걸세
아리랑 아리랑 아라리요
아리랑 고개를 넘어간다
청천 하늘엔 잔별도 많고
이내 가슴엔 희망도 많다

 사는 목적

우리 모두 행복을 찾아 영원을 찾아
내면 향해 비춰보는 명상으로
앉으나 서나 일을 하나 최선을 다하는
하루의 해가 서산을 붉게 물들이고
가을 낙엽 한 잎 두 잎 지는 속에선
합장 기도하여 또 다짐과 맹서의 말
뜻 이루어 이 세상의 빛이 돼서
구류를 생사 고해서 구제하는 사람으로
영원히 영원히 살 것입니다

 곰탱이

곰탱이 곰탱이 미련 곰탱이
세상 사람 요구 따라 다 들어준
사람더러 곰탱이라네
요구 따라 따지지 않고
들어주기 바쁜 이를 놀려대며 하는 말
곰탱이 곰탱이 미련 곰탱아
그리 살다간 끝내는 빌어먹을 쪽박마저
없겠구나 미련 곰탱아
그래도 덩실덩실 추는 춤을
보며 깔깔 웃는 사람들아
웃는 자신 모르니 서글퍼 내 하는 말
한 판의 꿈속이라 천금만금 쓸데없네
깔깔 웃는 그 실체를 자신 삼아 사는 삶이 되길
바라고 바라는 곰탱이 춤이로세

 미련 곰탱이

나는 나를 모른 곰탱이 곰탱이 미련 곰탱이
나는 나를 보고 듣는 그거라고 보여주듯 일러줌에
동문서답 일관하는 곰탱이 곰탱이 미련 곰탱이
그러므로 성현들의 천하태평 무릉도원 못 누리고
고생 고생 살아가는 곰탱이 곰탱이 미련 곰탱이
그런 삶을 면하려면 나라는 나를 깨달아라 자상하게 이끈 말씀
이행 못한 곰탱이 곰탱이 미련 곰탱이
귀천 없이 이끌어서 선 자리가 안양낙원 되게 하신
말씀을 이행 못한 곰탱이 곰탱이 미련 곰탱이
궁전 낙을 저버리시고 고행 수도 다하셔서
나란 나를 깨침으로 영생의 낙원으로 이끄신
이 기회를 놓친다면 다시 만나기 어려웁고 어려우니
칠야삼경 봉화 같은 그 지혜의 광명 받아
각자 것이 되게 하란 그 말씀을 실행 못한 곰탱이 곰탱이 미련 곰탱이
그 지혜의 이끔 받아 이러-한 각자 경지 되는 날엔
백사 만사 무엇이든 뜻대로 이뤄진다 권한 말씀 실행 못한 곰탱이
곰탱이 미련 곰탱이
눈앞의 그 작은 것 쫓다가 영원한 삶의 낙 놓치지 않으려면
나란 나를 꼭 깨달으란 귀한 말씀 실행 못한 곰탱이 곰탱이 미련 곰
탱이

금구 성언 귀담아 듣지 않고 흘려 듣다간

백 년도 못 채운 후회막심 삶 되리니 새겨 듣고 새겨 들어 실천하란

그 말씀

실행 못한 곰탱이 곰탱이 미련 곰탱이

실천하여 깨닫고 박장대소 하는 날엔 삼세 성현 모두모두가 곰탱이

곰탱이가 누리 안은 광명 놓네 누리 안은 광명 놓아 삼창을 할 거라네

 거룩한 만남

불법을 만난 건 행운 중 행운이며 내 생의 정점일세
거룩한 이 법을 만나는 사람이면 서로가 권하고 권을 하여
함께 한 일상의 수행이 되어서 다 같이 누리는 낙원 이뤄
고통과 생사는 오간 데 없고 웃음과 평온만 넘치고 넘쳐
길이길이 끝이 없는 복락 누리세

여래의 큰 은혜 순간인들 잊으랴 수행해 크게 깨쳐
구제를 다함만 큰 은혜 갚음이니 노력과 실천 다해 우리
모두 씩씩한 낙원의 역군이 되어 봉화적인 이생의 삶으로써
최선을 다하여 부끄럼 없는 대장부로 은혜 갚는 장부로
길이길이 끝이 없는 복락 누리세

바로보인의 책들

1. 바로보인 전등록 (전30권을 5권으로)

7불과 역대 조사의 말씀이 1,700공안으로 집대성되어 있는 선종 최고의 고전으로, 깨달음의 정수가 살아 숨쉬도록 새롭게 번역되었다.

464, 464, 472, 448, 432쪽.
각권 18,000원

2. 바로보인 무문관

황룡 무문 혜개 선사가 저술한 공안집으로 전등록, 선문염송, 벽암록 등과 함께 손꼽히는 선문의 명저이다.

본칙 48개와 무문 선사의 평창과 송, 여기에 역저자인 대원 문재현 선사의 도움말과 시송으로 생명과 같은 선문의 진수를 맛보여 주고 있다.

272쪽. 12,000원

3. 바로보인 벽암록

설두 선사의 설두송고를 원오 극근 선사가 수행자에게 제창한 것이 벽암록이다.

이 책은 본칙과 설두 선사의 송, 대원 문재현 선사의 도움말과 시송으로 이루어져, 벽암록을 오늘에 맞게 바로 보이고 있다.

456쪽. 15,000원

4. 바로보인 천부경

우리 민족 최고(最古)의 경전 천부경을 깨달음의 책으로 새롭게 바로 보였다. 이 책에는 81권의 화엄경을 81자에 함축한 듯한 천부경과, 교화경, 치화경의 내용이 함께 담겨 있으며, 역저자인 대원 문재현 선사가 도움말, 토끼뿔, 거북털 등으로 손쉽게 닦아 증득하는 문을 열어놓고 있다.

432쪽. 15,000원

5. 바로보인 금강경

대원 문재현 선사의 『바로보인 금강경』은 국내 최초로 독창적인 과목을 내어 부처님과 수보리 존자의 대화 이면의 숨은 뜻을 드러내고, 자문과 시송으로 본문의 핵심을 꿰뚫어 밝혀, 금강경 전체를 손바닥 안의 겨자씨를 보듯 설파하고 있다.

488쪽. 15,000원

6. 세월을 북채로 세상을 북삼아

대원 문재현 선사의 선시가 담긴 선시화집 『세월을 북채로 세상을 북삼아』는 선과 시와 그림이 정상에서 만나 어우러진 한바탕이다. 선의 세계를 누리는 불가사의한 일상의 노래, 법열의 환희로 취한 어깨춤과 같은 선시가 생생하고 눈부시게 내면의 소리로 흐른다.

180쪽. 15,000원

7. 영원한 현실

애매모호한 구석이 없이 밝고 명쾌하여, 너무도 분명함에 오히려 그 깊이를 헤아리기 어려운, 대원 문재현 선사의 주옥같은 법문을 모아 놓은 법문집이다.

400쪽. 15,000원

8. 바로보인 신심명

신심명은 양끝을 들어 양끝을 쓸어버리는, 40대치법으로 이루어진, 3조 승찬 대사의 게송이다.

이를 대원 문재현 선사가 바로 번역하는 것은 물론, 주해, 게송, 법문을 더해 통쾌하게 회통하고 자유자재 농한 것이 이 『바로보인 신심명』이다.

296쪽. 10,000원

9. 바로보인 환단고기 (전5권)

『바로보인 환단고기』 1권은 민족정신의 정수인 환단고기의 진리를 총정리하여 출간하였다.

2권에는 역사총론과 태초에서 배달국까지 역사가 실려있으며, 3권은 단군조선, 4권은 북부여에서부터 고려까지의 역사가 실려있다. 5권에는 역사를 증명하는 부록과 함께 환단고기 원문을 실었다.

264 · 368 · 264 · 352 · 344쪽. 각권 12,000원

10. 바로보인 선문염송 (전30권 중 24권)

선문염송은 세계최대의 공안집이다. 전 공안을 망라하다시피 했기에 불조의 법 쓰는 바를 손바닥 들여다보듯 하지 않고 는 제대로 번역할 수 없다. 대원 문재현 선사는 전 공안을 바로 참구할 수 있게끔 번역하고 각 칙마다 일러보였다.

352 368 344 352 360 360 400 440 376 392 384 428
410 380 368 434 400 404 406 440 424 460 472 456쪽
각권 15,000원

11. 앞뜰에 국화꽃 곱고 북산에 첫눈 희다

대원 문재현 선사의 선문답집으로 전강·경 봉·숭산·묵산 선사와의 명쾌한 문답을 실 었으며, 중앙일보의 <한국불교의 큰스님 선문 답> 열 분의 기사와 기자의 질문에 대한 대 원 문재현 선사의 별답을 함께 실었다.

200쪽. 5,000원

12. 바로보인 증도가

선종사에 사라지지 않을 발자취로 남은 영가 선사의 증도가를 대원 문재현 선사가 번역하 고 법문과 송을 더하였다.

자비의 방편인 증도가의 말씀을 하나하나 쳐 가는 선사의 일갈이야말로 영가 선사의 본 의중과 일치하여 부합하는 것이라 아니할 수 없다.

376쪽. 10,000원

13. 바로보인 반야심경

이 시대의 야부 선사, 대원 문재현 선사가 최초로 반야심경에 과목을 붙여 반야심경 내면에 흐르는 뜻을 밀밀하게 밝혀놓고 거침없는 송으로 들어보였다.

200쪽. 10,000원

14. 선(禪)을 묻는 그대에게 (전10권 중 2권)

대원 문재현 선사의 선수행에 대한 문답집. 깨달아 사무친 경지에 대한 밀밀한 점검과, 오후보림에 대한 구체적인 수행법 제시와, 최초의 무명과 우주생성의 원리까지 낱낱이 설한 법문이 담겨 있다.

280쪽, 272쪽. 각권 15,000원

15. 바로보인 선가귀감

선가귀감은 깨닫고 닦아가는 비법이 고스란히 전수되어 있는 선가의 거울이라 할 만하다. 더욱이 바로보인 선가귀감은 매 소절마다 대원 문재현 선사의 시송이 화살을 과녁에 적중시키듯 역대 조사와 서산대사의 의중을 꿰뚫어 보석처럼 빛나고 있다.

352쪽. 15,000원

16. 바로보인 법융선사 심명

심명 99절의 한 소절, 한 소절이 이름 그대로 마음에 새겨두어야 할 자비광명들이다.

이 심명은 언어와 문자이면서 언어와 문자를 초월한 일상을 영위하게 하는 주옥같은 법문이다.

278쪽. 12,000원

17. 주머니 속의 심경

반야심경은 부처님이 설하신 경 중에서도 절제된 경으로 으뜸가는 경이다. 대원 문재현 선사의 선송(禪頌)도 그 뜻을 따라 간략하나 선의 풍미를 한껏 담고 있다. 하루에 한 소절씩을 읽고 참구한다면 선 수행의 지름길이 될 것이다.

84쪽. 5,000원

18. 바로보인 법성게

법성게는 한마디로 화엄경의 핵심부를 온통 훤출히 드러내놓은 게송이다. 짧은 글 속에 일체의 법을 이렇게 통렬하게 담아놓은 법문도 드물 것이다.

이렇게 함축된 법성게 법문을 대원 문재현 선사가 속속들이 밀밀하게 설해놓았다.

160쪽. 10,000원

19. 달다 - 전강 대선사 법어집

이제는 전설이 된 한국 근대선의 거목인 전강 선사님의 최상승법과 예리한 지혜, 선기로 넘쳤던 삶이 생생하게 담겨 있는 전강 대선사 법어집 < 달다 > !
전강 대선사님의 인가 제자인 대원 문재현 선사가 전강 대선사님의 법거량과 법문, 일화를 재조명하여 보였다.

304쪽. 15,000원

20. 기우목동가

그 뜻이 심오하여 번역하기 어려웠던 말계 지은 선사의 기우목동가!
대원 문재현 선사가 바른 뜻이 드러나도록 번역하고, 간결한 결문과 주옥같은 선송으로 다시 보였다.

146쪽. 10,000원

21. 초발심자경문

이 초발심자경문은 한문을 새기는 힘인 문리를 터득하게 하기 위하여 일부러 의역하지 않고 직역하였다.
대원 문재현 선사의 살아있는 수행지침도 실려 있다.

266쪽. 10,000원

22. 방거사어록

방거사어록은 선의 일상, 선의 누림을 보여주는 대표적인 선문이다. 역저자인 대원 문재현 선사는 방거사어록의 문답을 '본연의 바탕에서 꽃피우는 일상의 함'이라 말하고 있다. 법의 흔적마저 없는 문답의 경지를 온전하게 드러내 놓은 번역과, 방거사와 호흡을 함께 하는 듯한 '토끼뿔'이 실려 있다.

266쪽. 15,000원

23. 실증설

대원 문재현 선사가 2010년 2월 14일 구정을 맞이하여 불자들에게 불법의 참뜻을 보이기 위해 홀연히 펜을 들어 일시에 써내려간 『실증설』. 실증한 이가 아니고는 설파할 수 없는 일구의 도리로 보인 1부와, 태초로부터 영겁에 이르는 성품의 이치를 낱낱이 법문으로 설한 2, 3부를 보아 실증하기를…

198쪽. 10,000원

24. 하택신회대사 현종기

육조대사의 법이 중국천하에 우뚝하도록 한 장본인, 하택신회대사의 현종기. 세간에 지해종도로 알려져 있는 편견을 불식시키는 뛰어난 깨달음의 경지가 여기에 담겨있다. 대원 문재현 선사가 하택신회대사의 실경지를 드러내고 바로보임으로써 빛냈다.

232쪽. 10,000원

25. 불조정맥 - 韓·英·中 3개국어판

석가모니불로부터 현 78대에 이르기까지 불조정맥진영(佛祖正脈眞影)과 정맥전법게(正脈傳法偈)를 온전하게 갖춘 최초의 불조정맥서. 대원 문재현 선사가 다년간 수집, 정리하여 기도와 관조 끝에 완성한 『불조정맥』을 3개국어로 완역하였다.

216쪽. 20,000원

26. 바른 불자가 됩시다

참된 발심을 하여 바른 신앙, 바른 수행을 하고자 해도, 그 기준을 알지 못해 방황하는 불자님들을 위해 불법의 바른 길잡이 역할을 하도록 대원 문재현 선사가 집필하여 출간하였다.

162쪽. 10,000원

27. 누구나 궁금한 33가지

21세기의 인류를 위해 모든 이들이 가장 어렵고 궁금해 하는 문제, 삶과 죽음, 종교와 진리에 대한 바른 지표를 제시하고자 대원 문재현 선사가 집필하여 출간하였다.

180쪽. 10,000원

28. 108진참회문 - 韓·英·中 3개국어판

전생의 모든 악연들이 사라져 장애가 없어지고, 소망하는 삶을 살게 하기 위해 대원 문재현 선사가 10계를 위주로 구성한 108 항목의 참회문이다. 한 대목마다 1배를 하여 108배를 실천할 것을 권한다.

170쪽. 15,000원

29. 달마의 일할도 허락지 않는다

대원 문재현 선사의 짧고 명쾌한 법문집. 책을 잡는 순간 달마의 일할도 허락지 않는 선기와 맞닥뜨리게 될 것이다. 때로는 하늘을 찌를 듯한 기세와, 때로는 흔적 없는 공기와도 같은 향기를 일별하기를…

190쪽. 10,000원

30. 마음대로 앉아 죽고 서서 죽고

생사를 자재한 분들의 앉아서 열반하고 서서 열반한 내력은 물론 그분들의 생애와 법까지 일목요연하게 수록해놓았다.

446쪽. 15,000원

31. 화두 - 韓·英·中 3개국어판

『화두』는 대원 문재현 선사의 평생 선문답의 결정판이다. 생생히 살아있는 선(禪)을 한·영·중 3개국어로 만날 수 있다. 특히 대원 문재현 선사의 짧은 일대기가 실려 있어 그 선풍을 음미하는 데에 큰 도움을 주고 있다.

440쪽. 15,000원

32. 바로보인 간당론

법문하는 이가 법리를 모르고 주장자를 치는 것을 눈먼 주장자라 한다. 법좌에 올라 주장자 쓰는 이들을 위해서 대원 문재현 선사가 간당론에서 선리(禪理)만을 취하여 『바로보인 간당론』을 출간하였다.

218쪽. 20,000원

33. 완전한 우리말 불공예식법

부처님께 공양을 올리고 불보살님의 가피를 구하는 예법 등을 총칭하여 불공예식법이라 한다. 대원 문재현 선사가 이러한 불공예식의 본 뜻을 살려서 완전한 우리말본 불공예식법을 출간하였다.

456쪽. 38,000원

법문 MP3를 주문판매합니다

부처님의 78대손이신 대원(大圓) 문재현(文載賢) 전법선사님의 법문 MP3가 나왔습니다. 책으로만 보아서는 고준하여 알기 어려웠던 선문(禪文)의 이치들이 자세히 설하여져 있어서, 모든 궁금증을 시원하게 풀어줄 것입니다.

- 바로보인 천부경 : 15,000원
- 바로보인 금강경 : 40,000원
- 바로보인 신심명 : 30,000원
- 바로보인 법성게 : 10,000원
- 바로보인 현종기 : 65,000원
- 바로보인 법융선사 심명 : 100,000원
- 바로보인 반야심경 : 1회당 5,000원 (총 32회)
- 바로보인 선가귀감 : 1회당 5,000원 (총 80회)

대원 선사님 작사 노래 CD 주문판매합니다

가슴으로 부르는
불심의 노래

1. 서 원가 (3:36)
2. 반조 염불가 (4:00)
3. 소중한 삶 (2:30)
4. 석가모니불 (4:52)
5. 맹서의 노래 (4:25)
6. 염원의 노래 (3:25)
7. 음성 공양 (3:51)
8. 발 싯가 (3:05)
9. 자비의 품 (4:10)
10. 부처님 은혜(첫 번째) (4:34)

11. 보살의 마음 (3:50)
12. 이 생에 꼭 해야 할 일 (3:08)
13. 구도의 목표 (3:18)
14. 님곁 아시리 (3:42)
15. 부처님 은혜(두 번째) (4:34)
16. 성품성인 오셨네 (3:10)
17. 내 문제는 내가 풀자 (2:38)
18. 즐거운 밤 (2:27)
19. 환 송 가 (2:48)

• 가격 : 2만원

가슴으로 부르는
불심의 노래 2

1. 부 처 님 (4:01)
2. 열반재일 (3:09)
3. 성도재일 (4:00)
4. 석굴암의 노래 (3:19)
5. 님의 모습 (3:15)
6. 믿고 따르세 (2:55)
7. 신명을 다하리 (4:17)
8. 부처님께 바치는 마음 (3:49)
9. 감사합니다 (3:10)
10. 교 화 가 (4:30)

11. 성류강 조초 (3:08)
12. 권 수 가[1] (3:02)
13. 권 수 가[2] (3:02)
14. 우란분재일 (3:38)
15. 고맙습니다 (2:31)
16. 믿음으로 여는 세상 (3:05)
17. 출가재일 (2:44)
18. 영 원 (2:52)
19. 우리네 삶, 고운 수로 (2:35)
20. 숙속의 마음 (2:33)

• 가격 : 1만5천원

문의 전화 ☎ 031-534-3373